Milica Djekic

A Internet das Coisas: Conceito, aplicações e segurança

Milica Djekic

A Internet das Coisas: Conceito, aplicações e segurança

ScienciaScripts

Imprint

Any brand names and product names mentioned in this book are subject to trademark, brand or patent protection and are trademarks or registered trademarks of their respective holders. The use of brand names, product names, common names, trade names, product descriptions etc. even without a particular marking in this work is in no way to be construed to mean that such names may be regarded as unrestricted in respect of trademark and brand protection legislation and could thus be used by anyone.

Cover image: www.ingimage.com

This book is a translation from the original published under ISBN 978-620-2-09629-4.

Publisher:
Sciencia Scripts
is a trademark of
Dodo Books Indian Ocean Ltd. and OmniScriptum S.R.L publishing group

120 High Road, East Finchley, London, N2 9ED, United Kingdom
Str. Armeneasca 28/1, office 1, Chisinau MD-2012, Republic of Moldova, Europe
Printed at: see last page
ISBN: 978-620-8-01912-9

Conteúdo

Introdução

A cibersegurança tem desafiado cientistas, investigadores e engenheiros há décadas. Nos tempos modernos, o termo cibernético é utilizado para designar computadores, tecnologias web e móveis e, por isso, é comum as pessoas associarem esse termo a alguns objectivos de defesa. O facto é que vivemos numa era digital e toda a nossa tecnologia está a passar pela sua evolução emergente. Alguns especialistas chamam a este período de tempo a 4th revolução industrial que nos trará muitos benefícios, bem como alguns impactos menos populares. O ciberespaço não seria apenas um local para os actores legais, mas sim um local que se presta a muitas ameaças, riscos e desafios de segurança. Como é sabido, a segurança tem a ver com a gestão do risco e a questão aqui poderia ser como podemos manter a nossa segurança no ciberespaço. Além disso, a nossa segurança não está relacionada apenas com as tecnologias cibernéticas, porque esses avanços podem ser aplicados para ameaçar a segurança física de alguém. Assim, acreditamos que todos podem ver a ligação entre a ciberdefesa e o nosso bem-estar. Por outras palavras, assim como estas novas tecnologias nos podem fazer felizes, também nos podem fazer sentir assustados e, em alguns casos, até um pouco paranóicos. Essencialmente, as nossas Forças de Defesa devem tentar fazer face a estas novas exigências que a era da informação traz consigo. Muitas fontes sugerem que os efectivos das forças de defesa têm de ser bem formados, competentes e conhecedores. Esta não é apenas uma questão do interesse dos oficiais - é uma obrigação para todos os que desejam fazer face às exigências actuais.

O facto é que muitos oficiais da defesa e dos serviços secretos não têm formação em ciência e tecnologia, ao passo que estes novos requisitos exigem que as pessoas saibam, pelo menos, utilizar as tecnologias emergentes. Por outro lado, os peritos lidam habitualmente com competências e conhecimentos específicos, seguem todas as novas tendências e tentam causar algum impacto no seu meio envolvente. Além disso, toda a força de trabalho no domínio da defesa deve ser actualizada com novas sessões de ensino e formação que lhe permitam acompanhar as novas tendências. Simplesmente, se não tivermos conhecimentos de TI, teremos algumas dificuldades em resolver o caso. Além disso, a investigação moderna tornar-se-ia significativamente diferente em comparação com os casos do passado. A grande preocupação atual em matéria de segurança é o terrorismo e todos nos lembramos dos ataques terroristas de 11 de setembro ocorridos nos Estados Unidos em 2001. Este acontecimento dramático viria a mudar a nossa história, bem como a forma como a defesa moderna funciona. Após estes acontecimentos, a segurança começou a lidar com um novo conceito, nomeadamente a investigação e o policiamento orientados pelos serviços de informações. O objetivo é que os agentes da defesa reúnam informações que conduzam ao caso e apliquem uma análise às suas descobertas, produzindo assim algumas informações. Estas informações seriam utilizadas para efeitos de investigação e apoiariam grandemente os investigadores nas suas tarefas. Assim, como podemos ver, o nosso mundo está a mudar de dia para dia e, em termos racionais, há muitas coisas que podem ser obtidas diariamente, semanalmente e mensalmente. Por outras palavras, podemos progredir facilmente se utilizarmos o nosso tempo de forma inteligente.

Se recuarmos ao passado, digamos, 10 anos atrás - aperceber-nos-emos de que essa foi a era da mecatrónica. A mecatrónica é uma sinergia entre a engenharia mecânica, eléctrica e informática. Nesse período do desenvolvimento humano, utilizávamos muitas peças, fios, cabos e chips para produzir um sistema técnico. Por essa altura, as pessoas tiveram uma ideia absolutamente revolucionária que as levou a tentar ligar os seus sistemas mecatrónicos à Internet. Foi assim que nasceu a Internet das Coisas (IoT). A principal função da Internet era ligar as pessoas e, ao longo da sua história, falávamos da Internet das pessoas. No entanto, esta nova era ligava os dispositivos à Web e permitia-lhes comunicar entre si utilizando o sinal da Internet. Com o passar do tempo, apercebemo-nos de que esta tecnologia IoT pode ser utilizada para muitos fins, mas o seu principal inconveniente continua a ser a segurança. Mencionaríamos algumas das aplicações da IdC, como equipamento de escritório inteligente, casas inteligentes, edifícios e cidades inteligentes, câmaras Web, infra-estruturas críticas expostas à Web, algumas aplicações para veículos baseadas na Internet, IdC industrial e muito mais. Dir-se-ia que vivemos num mundo tecnologicamente tão excitante e, esperemos, que isso seja verdade à primeira vista. Por outro lado, seríamos mais temidos do que nunca pelas ameaças provenientes desse novo cenário revolucionado.

Ao longo da nossa introdução, falámos de tantas preocupações de segurança que esta nova era cibernética nos trouxe. A situação é bastante semelhante no que respeita às soluções IoT. Por exemplo, existem alguns motores de busca IoT que nos permitem aceder aos endereços IP dos dispositivos e nos abrem um horizonte completamente novo para os riscos, ameaças e desafios da defesa. O objetivo deste livro é fornecer uma visão bastante abrangente do conceito de IoT, das suas aplicações e de algumas preocupações de segurança. Este tipo de tecnologia é bastante emergente e ainda está a ser desenvolvido e implementado. Por outro lado, o nosso mundo não é igualmente desenvolvido. Algumas sociedades são progressistas, enquanto muitas são bastante pobres e ainda estão a desenvolver-se. Isto sugere que muitos países em todo o mundo sofrem com o crime organizado, a corrupção, o tráfico de seres humanos e o terrorismo, e que essas sociedades podem constituir uma ameaça para o resto da humanidade, uma vez que a sua situação se pode refletir - em primeiro lugar - nos seus vizinhos e - em segundo lugar - no resto do planeta. Um dos maiores desafios que se colocam às sociedades modernas de hoje é o desenvolvimento sustentável, que deve proporcionar algum tipo de progresso e prosperidade a todos. Como servem para o bem, preocupa-nos bastante que estas novas tecnologias, incluindo a IdC, possam encontrar o seu objetivo nas mãos do mal. Por último, devemos sempre pensar duas vezes antes de tomarmos a decisão de aceitar ou rejeitar algo. Pode parecer que vivemos numa época bastante progressista, mas se tivermos em consideração todo o globo, verificamos que ainda precisamos de muito trabalho árduo para vivermos melhor como família humana em geral.

Capítulo 1: O que é a Internet das Coisas?

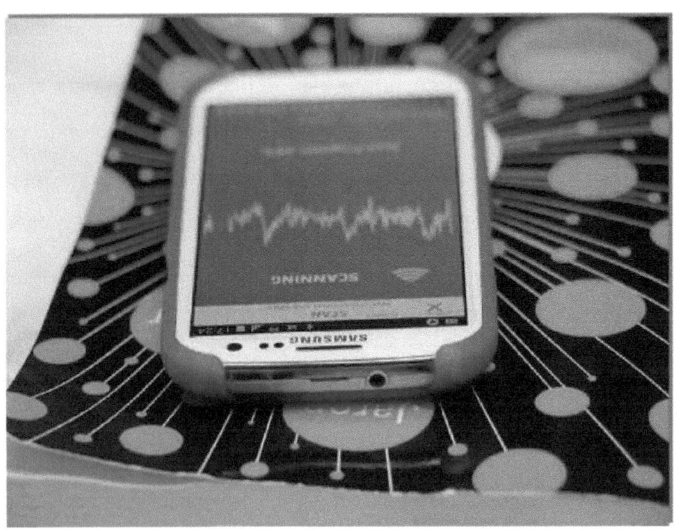

1.1. Breve introdução a uma tecnologia IoT

A IoT é um paradigma bastante recente que nos oferece muitos benefícios. Na prática, é necessário possuir uma certa habilidade para lidar com esta tecnologia emergente. Por outro lado, os sistemas IoT são ambientes bastante intuitivos e não é assim tão complicado ganhar confiança nestes ambientes. A IoT lida normalmente com muitas peças mecânicas, alguns componentes electrónicos, unidades de computação e acesso à Web. O aspeto crucial é o facto de este tipo de Internet ligar dispositivos e não apenas pessoas. Por exemplo, é possível controlar a temperatura na sua casa inteligente utilizando o seu computador tablet com algum software instalado. Em muitos países do mundo, isto é uma realidade e as pessoas teriam, de facto, a capacidade de lidar com todos estes requisitos. Por outras palavras, todos nós acolhemos com alegria este novo tempo de progresso que nos traz todas estas vantagens. O objetivo deste capítulo do livro seria fazer uma breve introdução a esta nova tecnologia, bem como sugerir algumas das vantagens e desvantagens deste avanço. Por fim, esperamos que este aperfeiçoamento técnico encontre o seu lugar em todo o mundo e que mesmo as economias menos desenvolvidas estejam em condições de o oferecer à sua população. Não se trata de um sonho - é bastante realista esperar que a nossa civilização moderna possa progredir de forma harmoniosa e equitativa.

A visão geral rápida

Então, porque é que a IoT é um conceito do futuro? Há muitas respostas para esta pergunta e, aqui mesmo, vamos tratar de uma afirmação que diz que as coisas estão a ser aceites quando já não se fala delas. O facto é que, hoje em dia, muitas pessoas discutiriam a IoT, algumas delas escreveriam sobre esse paradigma; outras aproveitariam os eventos de especialistas para promover algumas das suas soluções. No total, quando todos acabamos de falar sobre este conceito, podemos tentar calcular o quão bom ou mau ele foi para todos nós. Parece que todo este drama sobre a IoT é apenas uma introdução a algo muito melhor que podemos esperar num futuro próximo. Nesta fase, podemos dizer que ainda estamos a aceitar esta nova tecnologia e, provavelmente, nos próximos dias, seremos capazes de ver os impactos reais deste avanço. Então, o que é a IoT na realidade? Na prática, trata-se de um sistema tecnológico que permite que muitos dispositivos obtenham uma ligação à Internet. Por outras palavras, cada peça de equipamento teria o seu próprio endereço IP, sendo assim tão comum a qualquer parte da rede global. Os investigadores de segurança veriam, sem dúvida, uma preocupação nesta matéria. Dir-se-ia simplesmente: *"Espera aí! Se o seu dispositivo lida com o endereço IP, pode facilmente tornar-se um alvo para os hackers.* Isto é bastante correto e, tal como sugerimos na nossa introdução, a segurança continua a ser um problema constante para esta nova tecnologia. Algumas previsões indicam que a segurança da IoT pode ser considerada um desafio para o futuro e estamos confiantes em afirmar que pode ser esse o caso.

Um mergulho profundo na IoT

Fazendo uma análise superficial - podemos perceber que a IoT é um conjunto bastante conveniente de dispositivos emergentes que formam uma rede a partir dessa infraestrutura. Bem, vamos tentar analisar mais profundamente esta tecnologia fascinante. Do ponto de vista de um engenheiro de sistemas, não é assim tão fácil conceber, desenvolver e implementar a solução IoT. Como já dissemos, é necessário ter competências se quisermos lidar com a IdC ao nível do utilizador e tentar imaginar a quantidade de competências, conhecimentos e experiência de que precisamos se quisermos produzir esse sistema. Em primeiro lugar, é preciso compreender a engenharia eléctrica, eletrónica, mecânica, de software e de hardware se se quiser lidar com um projeto deste tipo. Por isso, normalmente, toda a equipa de engenheiros, investigadores e técnicos pode ser envolvida nessa tarefa. Conhecemos bem a forma como decorre o ciclo de produção e gostaríamos de representar aqui esse processo. Em primeiro lugar, é necessário preparar um *projeto* que o levará a uma *investigação* profunda e à *conceção* da sua solução. Por fim, é necessário efetuar *a produção* e, após uma *pesquisa* cuidadosa *do mercado*, o produto pode ser *distribuído*. Este processo é ilustrado na Figura 1 da seguinte forma.

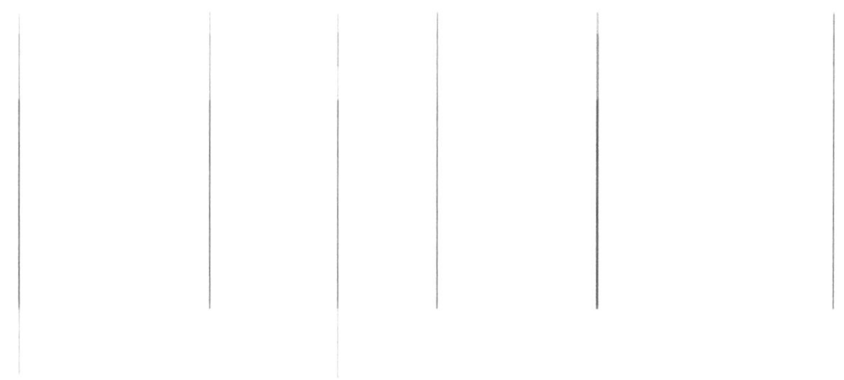

Figura 1. O ciclo de produção

A Figura 1 demonstra de uma forma bastante simples como o processo de produção surge na prática e porque é importante seguir cada um desses passos. É bastante óbvio, ao longo deste capítulo, que a produção de uma solução IoT pode tornar-se bastante complexa e leva tempo a resolver cada passo. Felizmente, existem algumas soluções finais no mercado e muitas pequenas empresas seguiriam a prática dos gigantes do sector. Outro aspeto relacionado com a tecnologia IoT é o facto de estes sistemas estarem a encontrar o seu lugar dentro de uma indústria. Esse conceito emergente chama-se *Internet Industrial das Coisas (IIoT)* e está a ganhar popularidade no sector da produção. Esta tecnologia em curso ainda precisa de muito tempo e esforço para ser desenvolvida e implementada e, segundo algumas fontes, apenas algumas percentagens das fábricas industriais conseguiriam instalar este tipo de equipamento nas suas infra-estruturas. Bem, os melhores dias para uma IIoT estão a chegar, mas ainda estamos preocupados com a forma como responderá a tão elevadas exigências de segurança.

Os impactos da IoT

Nesta fase, tentaremos imaginar como os avanços tecnológicos mudaram as nossas vidas e a nossa história. Por exemplo, tente recordar o significado da descoberta das máquinas eléctricas ou o momento em que os sistemas digitais deram os primeiros passos no mundo da humanidade. É evidente que todos estes esforços desempenharam um papel importante no desenvolvimento da nossa civilização. Além disso, a descoberta da Internet iria revolucionar as perspectivas do nosso quotidiano e transformar o nosso planeta numa aldeia global. O mesmo impacto teria a utilização da IoT, que mudaria muitas coisas na nossa vida, nos nossos hábitos e na nossa forma de lidar. Alguns investigadores sugerem que esta era digital afectaria o comportamento das pessoas e muitos estudos falam disso. Bem, definitivamente, ficaríamos dependentes das novas tecnologias e, mais cedo ou mais tarde, perceberíamos que os humanos estão a passar por uma nova fase da sua evolução. Basta tentar imaginar a altura em que os primeiros PCs chegaram ao nosso mundo. Muitas coisas mudaram desde então e parece que estamos num jogo interminável do nosso desenvolvimento tecnológico. Assim, a questão que se coloca aqui é a de saber como é que a IoT afectou as nossas vidas. Não existe uma resposta direta a esta pergunta. Basicamente, temos de fazer uma análise mais profunda e tentar perceber até que ponto o nosso mundo mudou desde a descoberta desta nova tecnologia.

A IoT é, por si só, um paradigma que nos conduziria a algo melhor e muito superior. Tornaria as nossas vidas mais cómodas e fáceis e essa é uma das maiores vantagens desta tecnologia. Frequentemente, as soluções IoT podem incluir muitos dispositivos inteligentes que comunicam entre si através do canal Web. Não é difícil compreender como pode ser adequado conhecer os parâmetros da sua casa, como a pressão, a temperatura e a humidade, a qualquer momento, ou conhecer a sua tensão arterial e ritmo cardíaco sempre que quiser obter essa informação. Bem, isto é a IoT numa prática! Na nossa opinião, esta tecnologia emergente pode ajudar-nos a compreender melhor o que nos rodeia e, como é sabido, cada nova geração é um pouco mais brilhante do que a anterior. A razão para isso, neste mundo tecnologicamente avançado, é que as nossas novas gerações nasceriam no tempo destas novas tecnologias e assumi-las-iam como algo natural que faria parte do seu ambiente de vida. Um dos maiores desafios para as soluções IoT são as preocupações com a segurança. Vivemos numa época de progresso tecnológico, mas também de grandes riscos, ameaças e desafios em termos de segurança. Devemos estar sempre conscientes de todos os riscos da utilização das novas tecnologias, porque, apesar de servirem para o bem, podem encontrar as suas aplicações em objectivos bastante prejudiciais. Por outras palavras, todos os benefícios da época da IdC podem ser mal utilizados quando alguns agentes maliciosos assumem o controlo de uma tecnologia tão sofisticada. É possível imaginar o drama e o trauma que surgiriam se um dos malfeitores obtivesse os registos de vídeo do quarto de alguém ou do quarto das crianças ou, infelizmente, atacasse as infra-estruturas críticas de uma nação. Isto poderia ter um impacto dramático, por exemplo, na nossa vida quotidiana ou, no pior dos casos, na vida de todo o país. Por último, correlacionaríamos a IoT com as redes neuronais, a inteligência artificial e a aprendizagem profunda, que são os paradigmas que orientarão o nosso desenvolvimento tecnológico no futuro.

Qual é o próximo passo?

Na nossa opinião, a próxima fase do progresso da IdC seria a internetização das fábricas, dos activos da indústria e das infra-estruturas de produção. Por outras palavras, a maior parte da nossa tecnologia industrial passaria a ter acesso à Internet. Isto poderia ser ótimo em termos de otimização dos processos de produção e provavelmente traria maiores lucros para os líderes da indústria. Isso significaria que os seres humanos seriam substituídos por máquinas? Bem, isso não seria totalmente verdade porque nenhuma máquina conhecida lidaria com o processo de pensamento como a mente humana o faria. Acreditamos firmemente que os seres humanos não perderiam assim tão facilmente o seu objetivo num ambiente tecnologicamente avançado, mas teriam de lidar com mais competências e conhecimentos se quisessem servir nesse ambiente. Mesmo que isso ultrapasse o âmbito do capítulo deste livro, devemos mencionar que a segurança da IdC continua a ser uma questão em aberto.

1.2. Porque é que a IoT é importante nos tempos modernos

A IoT definiu um panorama tecnológico completamente novo que está a ter um grande e significativo impacto nos nossos dias. Não se trata apenas de um novo avanço tecnológico, mas sim de toda uma nova cultura que afectará toda a gente, desde os consumidores comuns de tecnologia até aos especialistas nesta área. Cada nova tecnologia tem um papel importante no seu tempo e não é de estranhar que a IoT seja importante nesta nova era. Por outro lado, a IoT ainda é um conceito emergente que não está acessível a toda a gente. Há algumas previsões que sugerem que, em 2020, haverá até 50 mil milhões de dispositivos ligados a esta enorme rede. Por outras palavras, qualquer pessoa que pretenda lidar com um negócio competitivo deve investir no campo da IoT. Os principais desafios neste domínio continuam a ser a segurança, mas digamos que os líderes do sector estão a trabalhar arduamente para resolver esse problema. Essencialmente, este panorama tecnológico é bastante promissor para o desenvolvimento do negócio, porque se trata apenas de crescimento, o que significa que os potenciais investidores podem obter bons lucros com este sector. Da mesma forma, como poderíamos sugerir que todos os que têm uma boa lógica empresarial deveriam investir na tecnologia da nuvem, podemos dizer que quaisquer investimentos no panorama da IoT poderiam trazer grandes retornos nos próximos anos. O objetivo deste capítulo do livro é discutir todas as oportunidades desta nova tecnologia e definir o seu papel no mercado. O principal gatilho para qualquer desenvolvimento tecnológico é o interesse comercial que mobilizaria todos os especialistas, pesquisadores e engenheiros para tentar lidar com os novos requisitos tecnológicos. Por outras palavras, a necessidade de obter ganhos financeiros impulsionaria qualquer tentativa de criar uma nova tecnologia e os empresários saberiam para onde canalizar o seu dinheiro. Parece que o cenário da IoT é um mercado em crescimento rápido e os consumidores mostrariam alguma intenção de comprar esses produtos. Praticamente, qualquer pessoa em posição de oferecer o que o mercado procura seria capaz de ganhar um bom dinheiro.

A necessidade de uma tecnologia IoT

Tal como os estudos actuais sugerem, a necessidade de tecnologias IoT é cada vez maior. Espera-se que o mercado da IoT se torne várias vezes maior do que é atualmente tão cedo. Este é o boom significativo que indicaria a melhor acessibilidade desta tecnologia a toda a gente. A maioria da população mundial atual terá acesso à Internet e não é difícil imaginar que todas essas pessoas quererão, mais cedo ou mais tarde, ligar cada vez mais dispositivos à rede mundial. Isto sugere-nos que a rede IoT aumentaria a sua dimensão e tornar-se-ia cada vez mais popular em todo o mundo. Então, porque é que as pessoas querem fazer parte da rede IoT. A resposta a esta pergunta é bastante simples. Veriam muitas vantagens e provavelmente sentir-se-iam mais cómodas se colocassem muito mais dispositivos na rede. Falaríamos da forma como o mundo da IoT surge atualmente e é bastante claro por que razão a necessidade de tais ambientes se tornaria cada vez maior. Noutro mundo, as pessoas apreciariam a comodidade e gostariam de se sentir confortáveis no trabalho, em casa, enquanto fazem alguma atividade recreativa ou simplesmente conduzem um automóvel. Tudo isto poderia ser-lhes oferecido através da rede IoT desenvolvida de forma inteligente. Tente pensar como seria adequado estar no escritório e a sua casa inteligente enviar notificações para o seu dispositivo portátil sobre a situação no seu alojamento. Poderia ver, a partir do seu local de trabalho, o seu quintal através de algumas das câmaras ou ajustar a temperatura da sua casa antes de chegar a casa. Esta é uma realidade quando falamos de IoT. Por outro lado, é uma questão bastante técnica saber como tudo isto funcionaria com base nos princípios da engenharia. A resposta a esta pergunta é muito clara. O ambiente que o rodeia teria muitos sensores que formariam a rede de sensores inteligentes do seu ambiente. Estes dispositivos recolheriam muitos dados e utilizariam algumas análises para os processar. As soluções IoT actuais lidam com a rede de sensores inteligentes que recolhem os dados e os analisam de modo a produzir alguma inteligência. Neste caso, seria sem dúvida necessário um software que tratasse de todos os dispositivos ligados à rede IoT. Digamos que vivemos numa época em que muitas empresas de engenharia de software estão a desenvolver soluções de aplicação para esta tecnologia. É evidente que o mercado da IoT vai crescer cada vez mais e qualquer pessoa que queira contribuir para esse desenvolvimento e implantação pode obter vantagens. Assim, a curva de progresso dos dispositivos IoT subiria, o que é um bom indicador para os possíveis investidores investirem algum dinheiro, tempo e esforço nessa área. Pelo menos, os consumidores mostrariam um enorme interesse em utilizar esta tecnologia.

Os desafios económicos deste conceito

Este paradigma é tão fascinante e podemos afirmar com confiança que se tornará um fenómeno social muito em breve. No capítulo deste livro, falaremos sobre o crescimento do mercado da IoT nos próximos tempos e é bastante óbvio que, se as soluções IoT se tornarem acessíveis a muitas pessoas, estas terão preços bastante adequados. Cada nova geração de melhorias tecnológicas traria alguns ganhos financeiros e, com o passar do tempo, essa solução seria utilizada em excesso e o seu preço baixaria. Portanto, se falarmos do boom do mercado da IoT, isso significaria que esses produtos custariam menos com o passar do tempo? Bem, parece que é esse o caso. Muitas pessoas em todo o mundo achariam tão adequado fazer uma rede IoT útil a partir de suas capacidades de TI e isso definitivamente significaria o progresso para todos. No caso de querer lidar com o negócio promissor, deve definitivamente contar com a indústria da IoT. Por outras palavras, muitas pessoas podem ficar satisfeitas com este boom previsto. Em primeiro lugar, as soluções IoT tornar-se-iam tecnológica e financeiramente convenientes para os consumidores e, em segundo lugar, esses avanços ofereceriam rendimentos estáveis aos actores empresariais. Não cabe neste capítulo, mas não é mau referir que o próximo grande desafio para o mercado da IoT é a segurança dos seus produtos. Bem, como falamos sobre os desafios económicos no capítulo deste livro, é bom mencionar que, depois de 2020, quando tivermos cerca de 50 mil milhões de dispositivos IoT a serem utilizados em todo o mundo, teremos de pensar em novas soluções que ofereçam algum tipo de vantagens aos seus fabricantes.

Por outras palavras, se a oferta no mercado for elevada, isso significaria que o preço dos produtos baixaria. Isto é bastante encorajador para os utilizadores, mas talvez algumas das empresas se sintam menos beneficiadas nesse caso. Na prática, se lidarmos com tantas ofertas e com uma qualidade aproximadamente semelhante das soluções, tornaríamos esse mercado competitivo para todos os seus actores comerciais. Em seguida, isso faria com que os actores do sector trabalhassem arduamente para produzir algo que lhes desse uma vantagem sobre os seus concorrentes. Neste caso, os mais beneficiados seriam os consumidores, que teriam de lidar com os produtos de alta qualidade que lhes são oferecidos a preços bastante adequados. Em princípio, trata-se de regras simples de engenharia que nos sugerem procurar sempre a solução mais óptima. A solução óptima ofereceria boas caraterísticas tecnológicas a um custo bastante competitivo. Basicamente, o objetivo dos futuros produtores de soluções IoT deve ser o de criar algo tão rentável que cumpra adequadamente o seu papel técnico. A forma de o conseguir depende das estratégias comerciais das empresas. De qualquer modo, é um desafio económico fazer algo barato e vendê-lo a um preço acessível. Parece que o mercado do futuro próximo nos ditará esses requisitos. Por fim, continuamos a acreditar que os investimentos na área das tecnologias IoT podem trazer aos investidores muitos benefícios ou, pelo menos, negócios duradouros que lhes ofereçam uma fonte estável de rendimentos e, se não forem gananciosos, viverão bem dessas vantagens.

Como o nosso mundo mudou com a IoT

Ao longo deste capítulo do livro, falaremos de muitas mudanças que estão a surgir com esta evolução tecnológica. O nosso mundo está a mudar e a desenvolver-se constante e continuamente e, por vezes, é bastante complicado seguir todas essas tendências. Uma das mais recentes novidades desta era digital é certamente a IoT. Essencialmente, é uma tecnologia que está a ganhar popularidade nas economias desenvolvidas e, segundo algumas previsões, poderá tornar-se extremamente popular em todo o mundo nos próximos anos. Como dissemos, é bastante conveniente observar o quarto dos seus filhos ou receber informações sobre as condições internas da sua casa, enquanto está a trabalhar. Isto permite-lhe saber mais sobre o que está a acontecer enquanto está ausente. Além disso, se estiver a fazer alguma atividade recreativa, poderá ser capaz de monitorizar os parâmetros da sua saúde. Bem, mencionamos casas inteligentes, dispositivos médicos inteligentes e escritórios tão convenientes que sugerem que pode ficar atualizado sobre o que está a acontecer em qualquer momento. Isto não soaria como bastante assustador? Você teria um controle sobre tudo o que está dentro da sua rede IoT. Acreditamos que não é coincidência ser um maníaco por controlo. Faz parte da natureza humana controlar tudo o que pode controlar. Basicamente, podemos dizer que este tempo emergente e as nossas novas tecnologias tornariam realidade alguns dos sonhos dos humanos. Pelo menos, sentir-nos-íamos muito mais seguros com estas fantásticas soluções IoT. Por outras palavras, talvez não se trate de controlo, mas sim da necessidade humana de estar seguro de qualquer forma e em qualquer lugar. Como vemos - os sistemas IoT oferecer-nos-iam essa oportunidade!

As discussões finais

Na nossa opinião, a tecnologia IoT é algo que a humanidade procurava ao longo de toda a sua história. É a nova abordagem revolucionária às nossas vidas e empresas e devemos estar felizes por fazer parte desta época emocionante. Ao longo do capítulo deste livro, podemos constatar que as capacidades da IoT nos fazem sentir de alguma forma seguros ou, pelo menos, com essa sensação. Por outro lado, é bastante arriscado se alguém mal-intencionado por natureza assumir o controlo dos nossos bens inteligentes. Nesse caso, falaríamos sobre as preocupações de segurança que ainda estão à procura de algumas soluções práticas. Em conclusão, esperamos que tenha ficado um pouco mais claro porque é que a IoT é importante neste novo tempo.

Capítulo 2: Os rastreadores da Internet das Coisas

2.1. O assustador Shodan IoT Crawler

A era da IdC transformará certamente as nossas perspectivas tecnológicas, comerciais e de segurança e proporcionar-nos-á um novo tempo para lidar com um ambiente mais inovador. Essas transformações teriam consequências profundas nas nossas vidas, porque melhorariam a forma como lidamos uns com os outros. Por outro lado, esta nova tendência levar-nos-ia a ficar mais limitados e dependentes das tecnologias emergentes. A nossa intenção é sugerir que as tecnologias limitariam muito do nosso tempo, dos nossos esforços e até do nosso comportamento. A razão para isso é que os nossos avanços tecnológicos são ainda máquinas que não nos oferecem nenhuma das capacidades que os seres vivos têm. Há algumas tentativas no mundo da ciência e da tecnologia para criar uma espécie de máquina pensante, mas notamos que essas máquinas só podem fazer o que os humanos procuram delas. Por outras palavras, as máquinas continuam a servir as pessoas. Bem, será essa a verdade? Acreditaríamos que as máquinas são a nossa ferramenta e ficaríamos tão dependentes delas. Isto pareceria um paradoxo. Aparentemente, não é esse o paradoxo, mas sim a nossa realidade. Dir-se-ia que viveríamos num tempo paradoxal. A tecnologia servir-nos-ia e nós ficaríamos dependentes dela, tal como o escravo ficou dependente do seu senhor. Um dos maiores avanços tecnológicos que está a ser utilizado nos últimos tempos é, sem dúvida, a IoT. A área da IoT é um paradigma que ainda precisa de muita pesquisa, investigação e exploração. É um conceito que aceleraria as nossas vidas e negócios e que também nos traria algumas desvantagens, como as preocupações com a segurança. Assim, o objetivo desta secção do livro é discutir como podemos tirar partido das tecnologias IoT e que tipos de avanços são oferecidos no mercado que nos podem ajudar a compreender melhor este campo. Em primeiro lugar, começaríamos aqui uma discussão sobre os motores de busca da IoT. A solução mais impressionante da atualidade que nos pode ajudar a aprofundar o panorama da IoT é um Shodan. Esta tecnologia de ponta é um dos melhores rastreadores de IoT existentes atualmente. Bem, vamos começar a falar sobre o Shodan

O que é o motor de busca Shodan IoT?

O Shodan é um motor de busca bastante conveniente que serve para investigar a IoT e os outros segmentos da rede global. Este sítio Web pode ser encontrado no seguinte endereço Web - www.shodan.io. Este tipo de ferramenta pode oferecer-nos oportunidades ilimitadas na investigação sobre segurança e na descoberta de vulnerabilidades nos sistemas em rede. O Shodan, por si só, seria grandemente promovido pelos meios de comunicação social e muitos jornalistas chamar-lhe-iam o crawler mais assustador da atualidade. Porquê? Como o domínio do sítio sugere, este rastreador lidaria com as portas de entrada/saída (E/S) e seria capaz de fornecer um endereço IP de qualquer dispositivo ligado à rede IoT. Mas será que isso é mesmo verdade? Basicamente, o Shodan analisaria as suas portas e protocolos, indexá-los-ia e devolver-lhe-ia os banners resultantes. Não garantiria que essa localização na Web lidaria com qualquer tipo de dispositivo - apenas lidaria com a possibilidade de existirem alguns dispositivos ligados a esse endereço IP. A maioria dos dispositivos IoT ligar-se-ia à Web com base nas portas da Internet. Toda a comunicação na Web basear-se-ia nos seguintes parâmetros - 1) endereço IP de origem, 2) endereço IP de destino, 3) porta de origem, 4) porta de destino e 5) protocolos de transporte. Os protocolos de transporte podem ser distinguidos entre os protocolos de controlo de transmissão (TCP) e os protocolos de datagrama do utilizador (UDP). As comunicações TCP são fiáveis, têm um controlo de fluxo e podem recuperar de um erro; enquanto os protocolos UDP não são fiáveis, não têm um controlo de fluxo e não podem recuperar de uma falha. Este tipo de soluções de comunicação segue estas regras no seu funcionamento devido à aplicação de circuitos lógicos no seu funcionamento. Por exemplo, se as comunicações não forem fiáveis - devem ser utilizadas algumas portas lógicas instáveis, enquanto que - se a transferência de informação for fiável, devem ser utilizadas algumas soluções lógicas estáveis. Por outro lado, os sistemas de computação comuns lidam com dois tipos principais de portas de comunicação - as de entrada e as de saída. Estas portas transferem sinais de entrada e de saída de e para a sua máquina. Basicamente, os motores de busca da IoT só analisam as portas de entrada e, se quiser que a sua localização na Web fique invisível para estes rastreadores, terá de bloquear as portas de entrada. No sistema operativo Windows, é possível fazê-lo através de algum tipo de configuração da sua Firewall. A questão aqui seria como o seu tráfego web funcionaria se dependesse apenas de comunicações de saída. A resposta a esta pergunta é bastante simples e sugere-nos que as portas de saída assumiriam o papel das portas de entrada e proporcionar-nos-iam um tráfego de Internet praticamente perfeito. Além disso, sugerimos que tente testar estas duas opções utilizando algumas das ferramentas Web que lhe permitem medir a sua taxa de tráfego Web. Indicamos que deve redirecionar o seu tráfego de Internet para as portas de saída, pois isso oferece-lhe um melhor nível de segurança. Por outras palavras, se bloquear as portas de entrada aplicando alguns dos comandos da Firewall, ficará menos acessível a esses assustadores motores de busca IoT, como é o caso do Shodan. Além disso, na Figura 1 - tentaríamos ilustrar a página inicial do Shodan e também colocaríamos alguns comentários sobre essa solução.

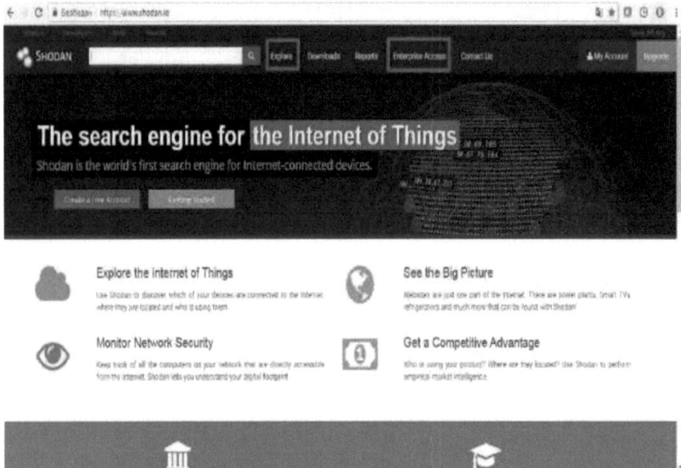

Figura 1. A página inicial do Shodan

Como se pode ver na Figura 1, o Shodan é uma ferramenta Web bastante útil que lhe pode oferecer a oportunidade de explorar a sua IoT, monitorizar a segurança da rede, ver o panorama geral e obter uma vantagem competitiva. A ilustração anterior dá-nos a oportunidade de explorar o ambiente do Shodan, bem como de fazer algum tipo de acesso empresarial. De seguida, ao longo deste capítulo do livro, vamos analisar algumas das capacidades deste rastreador da Internet e tentar explicar como é que algumas das vulnerabilidades da sua rede podem ser descobertas. Por fim, salientamos que o Shodan foi criado para fins de segurança e que, se quiser tirar o máximo partido desta ferramenta fantástica, terá de registar a sua conta. Temos plena consciência de que alguns membros da comunidade de piratas informáticos podem abusar destas vantagens e utilizar essas capacidades para espionagem cibernética, sabotagem ou cibercrime. Além disso, gostaríamos de sugerir que alguns grupos de crime organizado, organizações terroristas e redes de tráfico de seres humanos podem causar muitos danos ao tentarem aproveitar as oportunidades deste excelente motor de busca.

Como testar as capacidades de um Shodan?

O Shodan é um dos principais crawlers da IoT e, por essa razão, decidimos prestar-lhe alguma atenção. Muitos comunicados de imprensa falam das suas capacidades assustadoras e, em parte, concordamos com isso. Por outro lado, esta ferramenta ainda está em desenvolvimento e, mesmo que seja um dos melhores produtos atualmente disponíveis no mercado, ainda precisa de ser melhorada e de oferecer mais alternativas aos investigadores de segurança que poderiam utilizar este motor de busca para melhorar algumas das suas soluções. Neste segmento do livro, tentaremos lidar com algumas ilustrações que nos darão uma opção para compreender melhor as capacidades do Shodan. Numa Figura 2, demonstraremos algumas dessas capacidades.

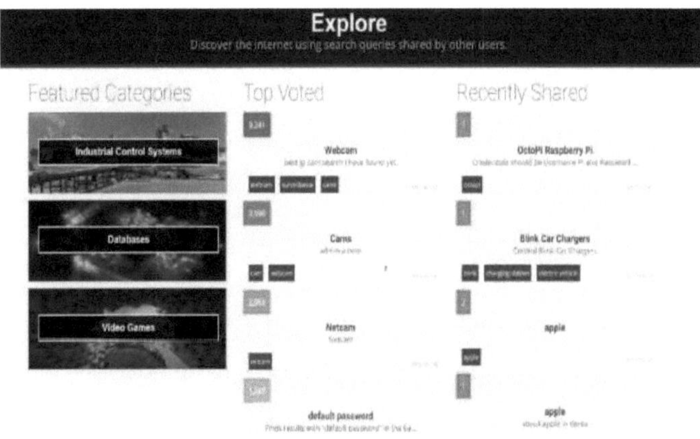

Figura 2. A página Explorar do Shodan

A ilustração acima dá-nos uma ideia bastante útil de como aparece a página Explorar do Shodan. Como se pode ver na Figura 2 - a opção Explorar do Shodan pode oferecer-lhe a oportunidade de lidar com os Sistemas de Controlo Industrial (ICS),

Soluções de controlo de supervisão e aquisição de dados (SCADA), câmaras Web, palavras-passe predefinidas e muito mais. Se tivermos em conta todos estes factores, facilmente nos aperceberemos da gravidade do impacto que o rastreador Shodan pode ter. Por exemplo, alguém poderia ter acesso à sua infraestrutura crítica de uma forma bastante simples. Porque é que isto é tão grave? Como se sabe, a infraestrutura crítica é qualquer ativo de importância vital ou estratégica para o seu país ou nação. Em caso de colapso de uma infraestrutura crítica, todo o país pode sofrer consequências dramáticas. Por esta razão, devemos tentar refletir sobre a forma de evitar alguns dos piores cenários possíveis. A Figura 3 ilustra algumas das ameaças possíveis à segurança.

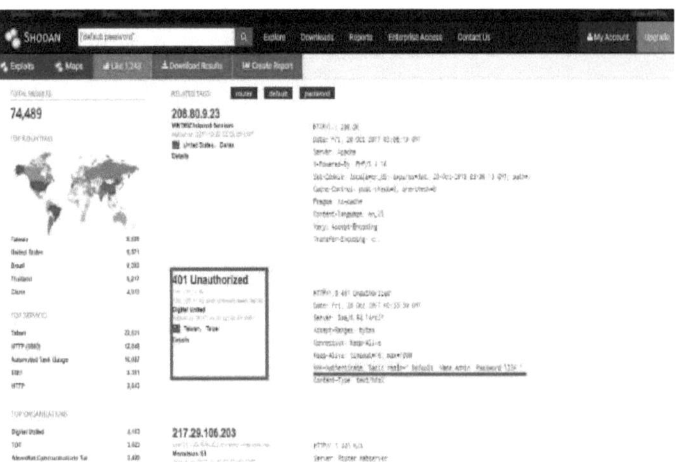

Figura 3. A página da palavra-passe predefinida do Shodan

Como se pode ver na ilustração acima - utilizando o Shodan - podemos selecionar a opção - Palavra-passe predefinida. Esta oportunidade dá-nos a possibilidade de obter uma lista dos endereços IP com os respectivos detalhes de autenticação incluídos. Neste caso, veríamos que o endereço IP fornecido teria o nome de utilizador como *admin* e a palavra-passe como *1234*. Este tipo de informação pode fornecer-nos uma alternativa para aceder remotamente ao computador ou equipamento de alguém utilizando algumas das ferramentas de pirataria informática. Há muitos scanners de IP disponíveis no mercado e, se decidirmos usar um deles, podemos aplicar os resultados fornecidos pelas pesquisas do Shodan e tentar aceder remotamente a esse sistema. Isto pode oferecer inúmeras oportunidades relacionadas com a espionagem empresarial, a sabotagem e a cibercriminalidade, pelo que recomendamos que altere periodicamente os seus dados de início de sessão para se manter em segurança cibernética. É evidente que, se alguém obtiver acesso aos seus dados confidenciais, pode oferecê-los a criminosos e terroristas, fazendo parte do mercado negro. Além disso, é possível que os seus concorrentes se interessem em obter as suas informações confidenciais e, dessa forma, obter algum tipo de vantagem competitiva. A capacidade do Shodan é apresentada na Figura 4 da seguinte forma.

Figura 4. A inteligência competitiva da Shodan

A partir desta ilustração, é bastante óbvio que os crawlers da IoT podem servir para recolher informações sobre a concorrência. Basicamente, isso está fora do âmbito do capítulo deste livro e iremos falar sobre

mais tarde sobre essas possibilidades. Nesta fase, basta referir que os motores de busca IoT podem encontrar muitas aplicações práticas.

Como descobrir explorações com o Shodan

Uma das capacidades mais interessantes do Shodan é a sua capacidade de descobrir alguns dos exploits da Web. Para além disso, alguns dos exploits não são conhecidos imediatamente e são normalmente algum tipo de falha de software ou hardware, sendo chamados de vulnerabilidade de dia zero. Caso deseje descobrir algumas das explorações da rede, aconselhamo-lo a ir à instrução View All (Ver tudo) e aí selecionar a opção exploit (exploração). Esta opção é apresentada na Figura 5 da seguinte forma.

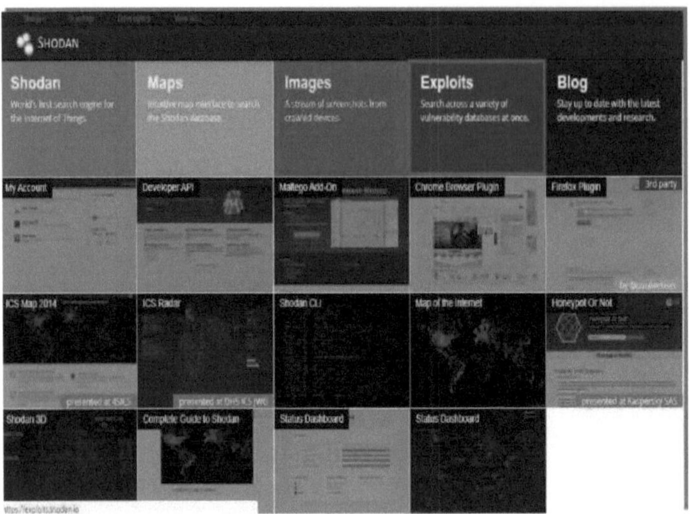

Figura 5. O quadro ViewAll do Shodan

Como se pode ver na ilustração acima, o quadro View All oferece-lhe muitas oportunidades. Aqui, prestaríamos alguma atenção à opção Exploit. Este tipo de gadget é bastante conveniente para procurar algum do malware, vírus, worms e Cavalos de Troia na Internet.

Literalmente, pode ter a oportunidade de aceder a alguns sítios Web que lhe oferecem esse tipo de ficheiros e, se for um hacker, saberá como utilizá-los para as suas operações de pirataria.

A Figura 6 mostra a situação do seguinte modo.

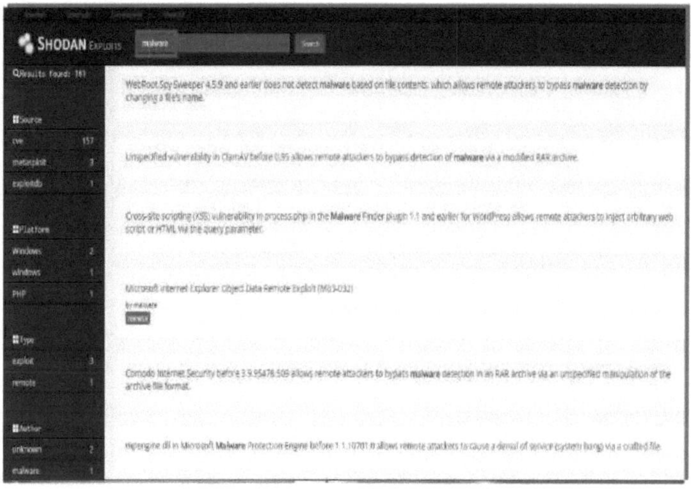

Figura 6. A página web do Shodan's Exploits

Como se pode ver na Figura 6, a página Web de exploits do Shodan pode servir para rastrear, digamos, algumas aplicações de malware. Isto é muito atrativo para os membros de um mercado negro que desejem tirar partido destes códigos maliciosos. Neste caso, aconselhamos vivamente todos os investigadores de segurança a tentarem brincar com as capacidades do Shodan, porque o papel desse crawler não está relacionado apenas com a IoT, mas sim com muitas outras preocupações de segurança.

Observações finais

Como veremos no capítulo deste livro - o Shodan é uma ferramenta bastante útil para aprender sobre a IoT e muito mais. O seu principal objetivo é servir os investigadores de segurança nas suas investigações do ciberespaço, mas também pode encontrar alguns

aplicações nas mãos de actores maliciosos. Se alguém perguntar se o Shodan é bom ou mau, a nossa resposta é que depende dos seus utilizadores. Se for utilizado por bons utilizadores, será muito benéfico. Por outro lado, se estiver nas mãos de pessoas mal-intencionadas, vai assustar-nos com as suas capacidades.

2.2. O sofisticado motor de busca Censys

A IoT é um mercado em rápido crescimento, com um rendimento e uma rede bastante grandes a nível mundial. No capítulo deste livro, discutimos o facto de o Shodan ser o motor de busca IoT mais assustador do mundo. Esse motor de busca da IoT pode fornecer-nos informações tão úteis que podem mudar toda a paisagem e o nosso ponto de vista. O truque desse motor de busca é que ele procuraria a impressão de um dispositivo na Web, colocaria essas descobertas nas suas bases de dados e devolver-nos-ia alguns resultados assim que enviássemos o pedido. A situação é semelhante com o Censys, que também é um dos principais rastreadores de IoT do mundo. Basicamente, o Censys oferecer-nos-ia uma análise um pouco mais ampla dos parâmetros que introduziríamos mais tarde. Praticamente, lidaria com o mapa Z sendo a coleção das ferramentas de código aberto e uma vez que procurássemos os resultados - obtê-los-íamos literalmente num período de tempo de sub-segundo. Muitos detalhes úteis sobre este web crawler podem ser encontrados nos seguintes locais da Internet - censys.io, zmap.io e scans.io. Este esforço é o resultado de um trabalho árduo dos investigadores da Universidade de Michigan, EUA. Trata-se de um projeto de código aberto e muitos entusiastas de todo o mundo poderão familiarizar-se com o seu código-fonte. Porque é que isso é importante? Em primeiro lugar, porque uma comunidade de código aberto como esta poderia fazer tantas melhorias no projeto de forma totalmente voluntária e, em segundo lugar, porque continua a ser gratuito para todos os utilizadores. Além disso, é importante mencionar que, se quiser utilizar esta ferramenta, terá de deixar alguns detalhes através do processo de registo e, uma vez registado, terá de iniciar sessão na sua conta para poder tirar partido de todas as capacidades desta solução. Finalmente, gostaríamos de mencionar que é bastante conveniente utilizar este motor de busca que é atualizado com tanta frequência, pelo que pode oferecer-lhe resultados bastante actuais. É importante mencionar este facto porque houve um debate entre os criadores do Shodan e do Censys sobre qual o motor de busca que apresentaria os resultados mais recentes. O Shodan é uma solução comercial e ainda está sob a sombra de segredos, enquanto o projeto Censys é bastante transparente e aberto a todos. De qualquer modo, ambos os motores de busca foram concebidos para servir os investigadores de segurança nos seus esforços para garantir dispositivos e redes. Por outro lado, o único aspeto assustador dos rastreadores IoT é o facto de poderem ser utilizados indevidamente quando caem nas mãos de hackers e cibercriminosos.

Os resultados do Censys

Neste ponto, iniciaremos uma breve investigação sobre os resultados que o rastreador Censys nos pode fornecer. Iremos passo a passo tentar explicar todos os pormenores deste motor de busca. Como já referimos, o Censys é o motor de busca que efectua uma espécie de varrimento alargado da rede global. Como é natural para qualquer motor de busca, é necessário introduzir a palavra-chave para obter alguns resultados. Este motor de busca, o Shodan, não é como o Google, que procura apenas o conteúdo da Web. Procura de forma tão abrangente as portas e os protocolos dos dispositivos que fazem parte da Internet. Como dissemos, vamos abordar este tópico lentamente e, através de algumas ilustrações, tentaremos demonstrar como as coisas aparecem na prática. Primeiro, tentemos escrever o endereço Web www.censys.io e obteremos a página inicial do Censys, que nos oferece a oportunidade de escolher a nossa palavra-chave e efetuar a pesquisa. O modo como isto funciona é ilustrado na Figura 1, como se segue.

Figura 1. A página inicial do Censys

Como se pode ver na figura acima, o Censys é muito semelhante a qualquer rastreador da Web e a única diferença entre esses motores de busca é o facto de lidarem com algoritmos totalmente diferentes que os orientam. O mais importante aqui é perceber quais seriam os critérios de pesquisa e, no caso do Censys, isso seria claramente ilustrado através de algumas das imagens de ecrã. Bem, vamos tentar testar esta solução tão sofisticada. A nossa demonstração incluiria a procura da seguinte palavra-chave - sistema de controlo industrial - e, ao introduzir essa informação na barra de rastreio, obteríamos os seguintes resultados

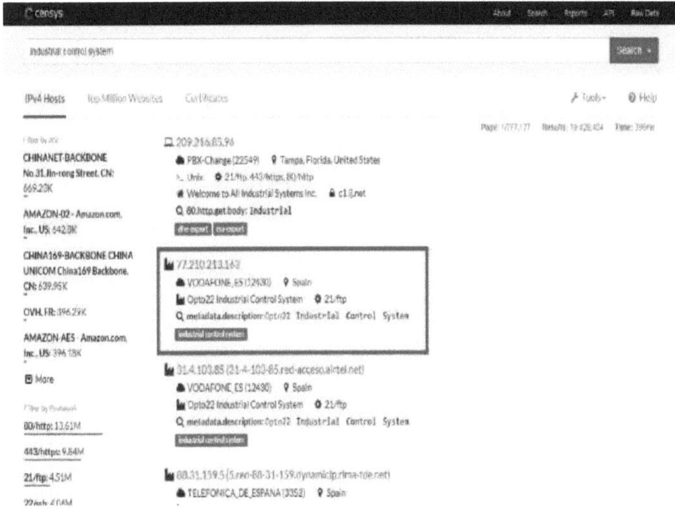

Figura 2. A ilustração de uma pesquisa

A Figura 2 fornecer-nos-ia alguns resultados relativos à palavra-chave escolhida. Verificamos que existem cerca de 20 milhões de resultados correlacionados com os sistemas de controlo industrial. Para fazermos uma análise mais aprofundada, teríamos de selecionar alguns dos resultados e tentar rever o que esse resultado incluiria. Para esse efeito, seleccionaríamos o resultado que diz respeito ao endereço IP 77.210.213.163 e que indica que provém de Espanha. É importante mencionar que o Censys só reconhece endereços IP públicos e, se o seu IP público for diferente do seu IP privado, este motor de busca não localizará o seu dispositivo real, mas sim a sua máscara de IP. Tal como no caso do Shodan, haveria apenas a possibilidade de o endereço IP fornecido corresponder a um dispositivo ligado a essa rede. De seguida, apresentamos uma ilustração da próxima etapa desta pesquisa.

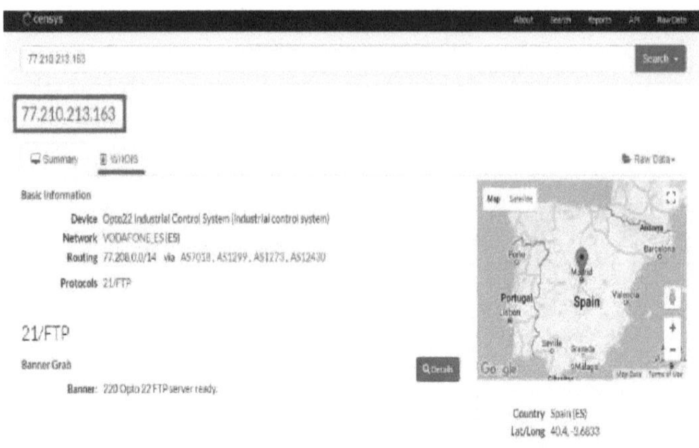

Figura 3. A pesquisa do sistema de controlo industrial

Como se pode ver na figura anterior, como resultado da pesquisa do Censys, obtemos um endereço IP, informações básicas e um banner. Além disso, pode ver-se o mapa geográfico à direita, que indica a localização exequível desse endereço IP. Mais um pormenor que seria mostrado através de qualquer pesquisa é o WHOIS, que utilizaria o conhecido algoritmo disponível como informação de fonte aberta. Com isto, concluímos esta secção e continuamos a tratar de mais descobertas de fundo relacionadas com o motor de busca Censys.

Como funciona o Censys

O Censys basear-se-ia sobretudo num mapa Z, que é a coleção de ferramentas de código aberto que serviria para uma análise bastante ampla da Web. Não é de estranhar que algumas pesquisas do Censys nos forneçam milhões de resultados e que, com tanta frequência, fiquemos surpreendidos com a abrangência do trabalho desta ferramenta. Para fornecer as explicações que se seguem, é necessário aceder à seguinte página Web - www.zmap.io. Esta página pode ser acedida diretamente a partir da página inicial do Censys, conforme ilustrado na Figura 1. Neste caso, a Figura 4 é apresentada da seguinte forma.

Figure 4. A página inicial do Z-map

Como se pode ver na figura anterior, nesta página web vamos tratar do projeto Z-map. Esse projeto é, basicamente, a coleção de ferramentas de código aberto e uma das mais conhecidas é o Z-map, tal como selecionado acima. Esta solução foi concebida para o levantamento de redes em toda a Internet. Além disso, veríamos outras ferramentas nessa imagem, como o Z-grab e o ZDNS. Se tentar fazer um clique em qualquer uma destas hiperligações, será redireccionado para o sítio web seguinte - www.GitHub.com. Esta localização na Web oferece-lhe a oportunidade de aceder livremente a alguns dos códigos-fonte ou mesmo de se esforçar e enviar alguns dos seus melhoramentos para as soluções actuais. Por outras palavras, tudo se baseia num trabalho voluntário e, se quiser contribuir, é bem-vindo. A Figura 5 mostra como isto funciona.

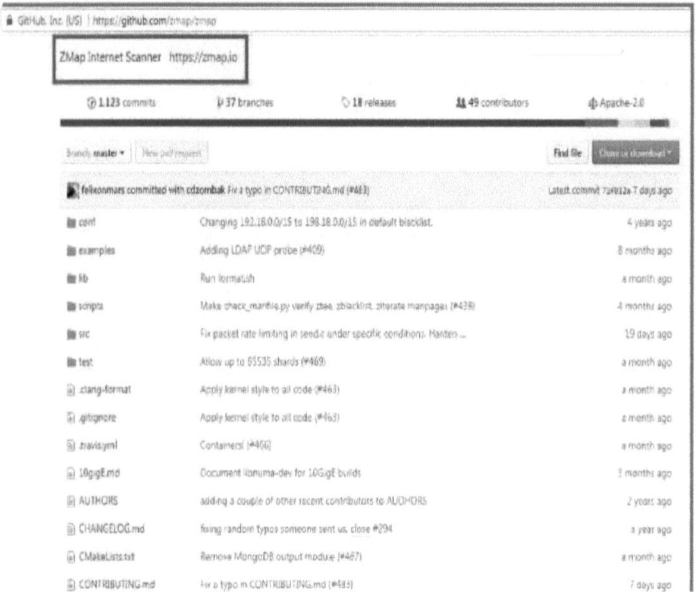

Figure 5. O scanner de Internet Z-map

Através da nossa investigação, chegámos à conclusão de que toda a

O projeto Censys foi desenvolvido utilizando a linguagem de programação GO. Mais informações sobre esta ferramenta podem ser encontradas no seguinte sítio Web: www.golang.org. Esta linguagem de programação é uma solução de fonte totalmente aberta e é muito conveniente para o desenvolvimento web. Os investigadores do Michigan iriam, sem dúvida, tirar o máximo partido desta plataforma, bem como do trabalho voluntário de tantas pessoas talentosas que trabalham em todo o mundo. Por fim, o nosso próximo passo levaria a que a seguinte página Web fosse www.scans.io, tal como indicado na Figura 6.

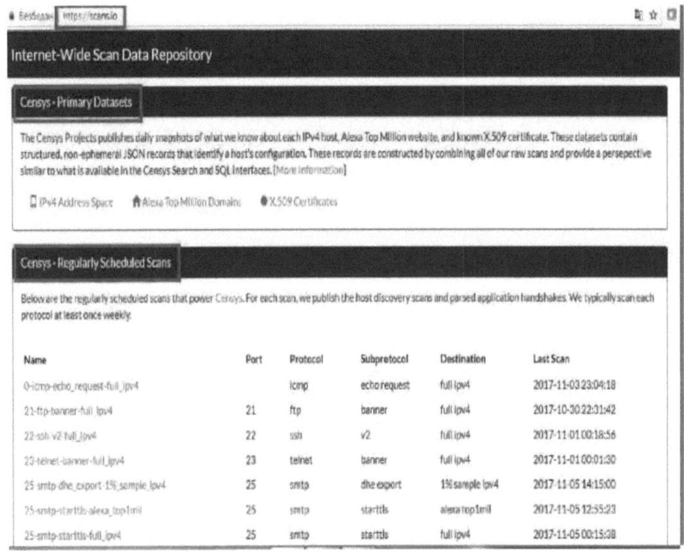

Figure 6. A página Web do scans.io

A página Web indicada pode ser acedida a partir do sítio Web do Censys, bastando selecionar a opção Repositório de dados. Esta localização na Web oferecer-nos-ia a possibilidade de lidar com os conjuntos de dados primários e os exames regularmente programados, tal como selecionados na Figura 6. Por outras palavras, o Censys dar-nos-ia uma alternativa para procurar qualquer coisa que estivesse disponível na Web. Encontrámos algumas menções na Internet sobre os criadores desta super ferramenta que afirmam que esta solução pode proporcionar-nos oportunidades quase ilimitadas. Esta foi uma das principais razões pelas quais decidimos incluir este motor de busca IoT neste livro.

Aspectos de segurança deste rastreador

Assim, através deste esforço - chegaríamos a algumas indicações de que quase tudo o que existe na web poderia ser encontrado usando o rastreador Censys. Isto pode parecer ótimo do ponto de vista dos investigadores de defesa que querem investigar todas as vulnerabilidades relacionadas com os dispositivos IoT. Por outro lado, e se esta ferramenta cair nas mãos de actores maliciosos? Mesmo que isso aconteça e fique preocupado com a possibilidade de alguém violar o seu sistema, existem alguns conselhos que o podem ajudar a lidar com essa situação. Primeiro, tente mascarar o seu endereço IP privado e ocultá-lo aplicando um IP público diferente. Em segundo lugar, siga algumas das boas práticas do Censys para evitar ser descoberto utilizando esse motor de busca. O modo de funcionamento é apresentado na Figura 7, como se segue.

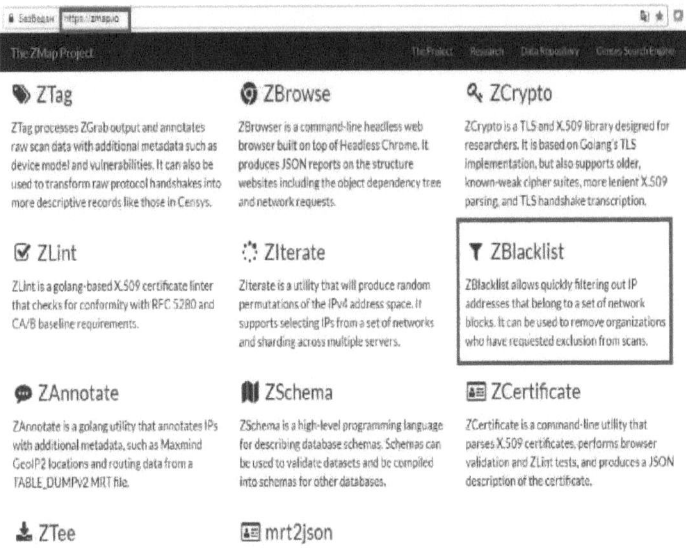

Figura 7. A lista negra Z

A lista negra Z é uma opção fornecida com o Censys que lhe permite filtrar rapidamente os endereços IP pertencentes a uma rede que deve ser impedida de ser encontrada. Pode ser utilizada para remover as organizações que requereram a exclusão do scanning. Por outras palavras, concordará que o Censys não é apenas um motor de busca conveniente, mas também uma solução bastante inteligente que se preocupa com a sua segurança online.

As conclusões

De facto, o Censys é um sofisticado rastreador IoT. Os seus criadores pensaram em tantas coisas e desenvolveram, juntamente com o Shodan, um dos principais motores de pesquisa IoT da atualidade. Esta solução não é, de qualquer modo, a solução final, mas, como os seus autores sugerem, apenas uma das fases do seu desenvolvimento e implementação. Todos temos consciência de que esta não é a melhor solução possível e acreditamos firmemente que os tempos vindouros nos trarão tecnologias cada vez melhores. Neste momento, estamos bastante satisfeitos com o Censys tal como está nesta fase. Por último, gostaríamos de acrescentar que, ao escrever este livro, chegámos à conclusão de que o Censys passaria a ser comercial a partir de dezembro de 2017. Isto pode parecer uma má notícia, mas o aspeto positivo é que haverá a possibilidade de utilizar algumas das suas contas gratuitas. No capítulo deste livro, não nos debruçaremos mais sobre esses novos avanços.

Capítulo 3: Revisão tecnológica da Internet das coisas

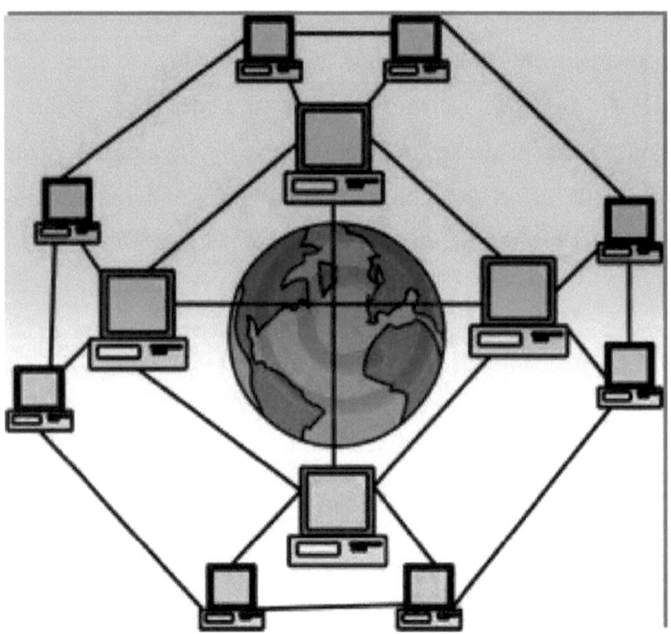

3.1. Como funciona a Internet das Coisas

A Internet das Coisas (IoT) não é apenas o novo paradigma tecnológico - é também a transformação total da nossa paisagem económica, técnica e social. O mundo, tal como o conhecemos, está a mudar diariamente e o que hoje é novidade, amanhã será passado. Neste ponto, tentaremos rever algumas etapas do nosso progresso tecnológico e explicar como chegámos à fase atual do nosso desenvolvimento e implantação. Basta tentar recordar a sociedade humana, digamos, há 10 ou 20 anos atrás. Esses tempos marcaram o início da era da mecatrónica e dos sistemas integrados e, como nos lembramos, só alguns raros futuristas poderiam prever um progresso tão grande na ciência e na tecnologia. Alguns prognósticos sugerem que o mercado da IdC continuará a crescer e que, dentro de alguns anos, deverá valer vários triliões de dólares. Então, como é que a mecatrónica e os sistemas integrados se podem correlacionar com este novo conceito e quais são os rumos dos seus passos futuros?

Em primeiro lugar, a mecatrónica baseia-se sobretudo em sistemas mecânicos, informáticos, eléctricos e de controlo, ao passo que as tecnologias incorporadas utilizam microcontroladores como principal subsistema de controlo dessa solução. O que é que isso significa na prática? Basicamente, significa que terá de lidar com muita mecânica, eletricidade, fios, cabos, estruturas e peças técnicas semelhantes. Por outras palavras, é indubitável que é necessário ter uma competência para dominar estes ramos da tecnologia. Além disso, muitos designers teriam de lidar com os esquemas e desenhos do projeto se quisessem desenvolver algo tão inovador. Além disso, precisaríamos de contar com investigadores que se esforçariam muito para descobrir os novos caminhos para as tecnologias futuras. Por outras palavras, é assim que vemos o tempo moderno e esta era tecnológica. Qualquer pessoa que se lembre da forma como a comunidade global surgiu há algumas décadas atrás concordará que fizemos um progresso significativo desde então. Finalmente, a tarefa final para o futuro seria tornar todos esses bens tecnológicos mais seguros e protegidos para o utilizador final. Este é o verdadeiro desafio para o futuro e alguns dos líderes do sector já estão a trabalhar arduamente para que esse passo seja dado. Não é nada fácil definir novos caminhos na ciência e na tecnologia e, normalmente, seriam necessários muitos testes, exames e validações em ambientes laboratoriais e esses investigadores, cientistas e engenheiros investiriam um enorme esforço para levar as novas ideias ao resto da humanidade. As aplicações práticas dessas ideias dependem de muitos parâmetros, mas - digamos - os sociais e económicos podem ser os mais importantes.

As soluções mecatrónicas

A mecatrónica é uma combinação de engenharia eléctrica, mecânica e informática. Encontrou as suas aplicações na engenharia de controlo e muitos sistemas de controlo inteligentes, incluindo as tecnologias robóticas, assentam na sua teoria e prática. [th]Não podemos dizer que se trata de uma nova área da tecnologia, porque surgiu no século anterior e muitas soluções mecatrónicas foram utilizadas antes da revolução industrial. Na prática, os sistemas IoT modernos seriam apenas uma das muitas transformações que as nossas soluções tecnológicas sofreram ao longo da sua história. Para uma melhor compreensão deste campo, ilustrá-lo-emos através da Figura 1, como se segue.

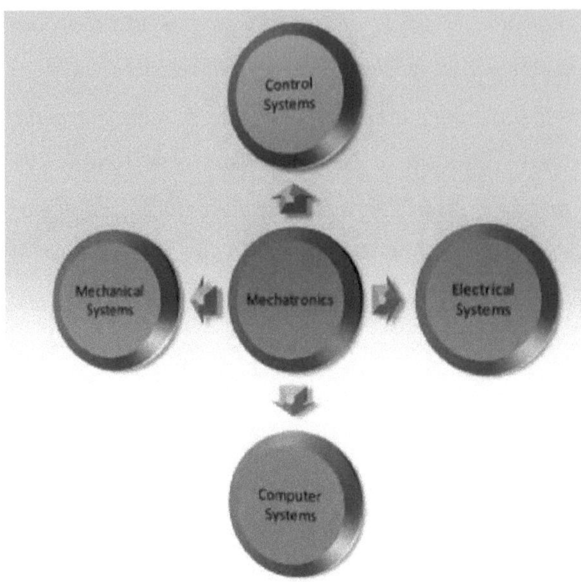

Figura 1. O sistema mecatrónico

Como se pode ver na figura acima - a mecatrónica lidaria com os sistemas mecânicos, eléctricos, informáticos e de controlo. Por outras palavras, seria uma espécie de engenharia de controlo inteligente que aplicaria muitos algoritmos diferentes às suas instalações. O objetivo deste livro é fornecer informações em primeira mão sobre os requisitos de segurança da tecnologia IoT e, neste caso, evitaríamos algum tipo de lições de engenharia que nos indicassem como lidar com as leis da matemática e da física. Por outro lado, não é mau abordar alguns princípios fundamentais desses sistemas para que se possa compreender esse conceito com mais pormenor. Não é assim tão simples explicar a alguém com poucas competências técnicas como funcionam as soluções tecnológicas, mas - digamos - as boas mentes técnicas saberiam lidar com esta breve explicação. O facto é que os sistemas mecatrónicos podem encontrar o seu papel em quase todo o lado. Comecemos pelos sistemas industriais que abrangem as ferramentas inteligentes, as máquinas CNC, os sistemas de controlo inteligentes e as soluções SCADA. Todas estas tecnologias dependem das leis aplicadas na área da mecatrónica e utilizam normalmente algum tipo de sinal de rede para comunicar entre si. Basicamente, é assim que funciona todo o conceito de IoT. Além disso, no capítulo deste livro, falaremos um pouco mais sobre os sistemas incorporados e as formas de criar a solução IoT utilizando mecatrónica e bases incorporadas.

As tecnologias incorporadas

O próximo passo nesta rápida revisão seria a análise dos sistemas incorporados como o segmento bastante importante das tecnologias IoT. De um ponto de vista prático, os sistemas incorporados lidam com muitos sensores, actuadores, placas de impressão e alguns chips que estão correlacionados com os microcontroladores. Em princípio, trata-se de uma tecnologia baseada em microprocessadores e é normalmente utilizada em soluções pequenas e sofisticadas. Por outro lado, não seria raro que alguns sistemas mais robustos dependessem desta tecnologia. O melhor exemplo de um sistema incorporado é o seu telemóvel, que, como sabe, é composto por uma estrutura, uma bateria e alguns componentes electrónicos. A eletrónica que pode ver dentro do seu telemóvel é praticamente a solução incorporada. A ilustração esquemática deste sistema é dada na Figura 2, como se segue.

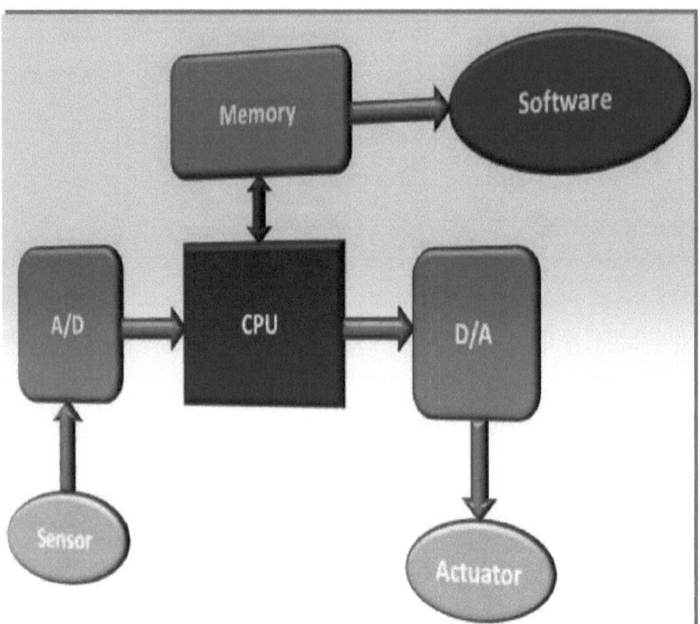

Figura 2. A solução integrada

Como se demonstra na Figura 2 - o sistema incorporado recebe alguns sensores que são ligados através dos conversores analógico-digitais (A/D) à unidade central de processamento (CPU). É assim que se parece a entrada para o sistema incorporado. A CPU serviria para processar todos os dados de entrada recolhidos através dos sensores e manteria a ligação bidirecional

comunicações com a memória. A memória seria compatível com uma solução de software que funcionaria utilizando um algoritmo de programação. Na prática, seria essa plataforma baseada em microcontroladores que trataria todos os dados recebidos, processá-los-ia e enviaria alguns sinais de saída para os actuadores. Os actuadores seriam ligados à CPU aplicando o conversor digital-analógico (D/A). Para ilustrar alguns destes exemplos na prática - diríamos que os sensores podem ser dispositivos que recolhem alguns dados do ambiente externo. Esses dados podem ser temperatura, distância, pressão, imagens e assim por diante. A maioria desses dados é analógica por natureza e, por essa razão, utilizaríamos os conversores A/D para transformar a variável analógica num sinal digital compreensível para os sistemas informáticos. Além disso, notaria que haveria algumas saídas conhecidas como actuadores e esses subsistemas poderiam incluir motores DC, auscultadores, impressoras, geradores e muito mais. Como é sabido - essas saídas seriam instruídas aplicando o sinal digital que usaria o conversor D / A ser transformado no analógico sendo mais conveniente para os usuários.

Os puzzles da IoT

Finalmente, chegámos a uma fase em que podemos resolver este puzzle da Internet das coisas. Primeiro, vamos tentar explicar por que razão utilizámos os exemplos anteriores da mecatrónica e dos sistemas incorporados. Bem, a principal razão para isso é o facto de esses sistemas assentarem na base do resto da tecnologia IoT. Essencialmente, todas as soluções IoT utilizam alguma variação da tecnologia mecatrónica ou incorporada e o que as torna tão diferentes ou, digamos, semelhantes a elas é a sua arquitetura, sendo a ligação à Web uma pequena extensão. Por outras palavras, os sistemas IoT são essencialmente mecatrónicos ou incorporados pela sua natureza, mas a única diferença é que lidam com o sinal de Internet. Isso significa que esses dispositivos se ligariam à Web obtendo os seus próprios endereços IP e teriam a capacidade de comunicar entre si utilizando o sinal da Web como portador de mensagens. A ilustração básica deste conceito é apresentada na Figura 3, como se segue.

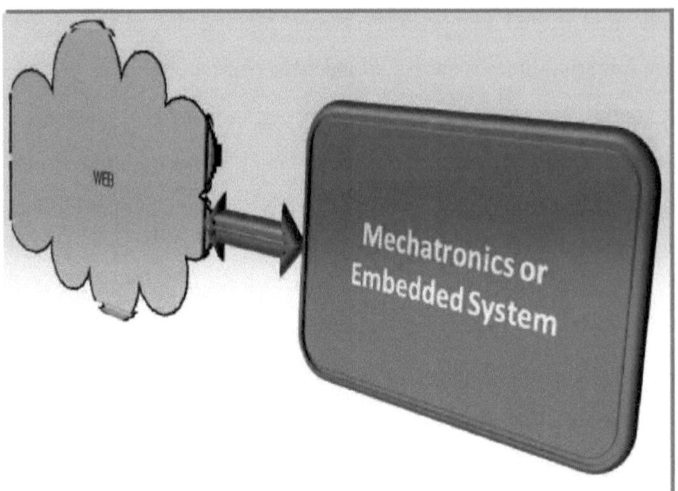

Figura 3. A tecnologia IoT

Para finalizar o segmento deste livro - é importante mencionar que os sistemas IoT não são tão complexos como podem parecer à primeira vista. Através deste esforço - tentámos simplificar este paradigma que é, de certa forma, desconhecido para muitos. Acreditamos que as mentes técnicas podem compreender este conceito sem problemas, enquanto a comunidade de segurança ainda precisa de algumas explicações adicionais para se familiarizar com esta área fantástica.

Observações finais

O objetivo deste segmento do livro é analisar mais de perto o funcionamento dos sistemas IoT e tentar correlacioná-los com os princípios técnicos bem conhecidos. Neste caso, não investigaríamos em profundidade toda a ciência e tecnologia deste paradigma porque o alvo deste livro seria a comunidade das ciências sociais. Por outro lado, acreditamos ter feito uma descoberta útil e o papel adicional do capítulo deste livro seria estabelecer uma ligação entre a IoT e as novas tecnologias. Esperamos que este esforço chegue aos leitores sedentos de conhecimento.

3.2. Cibersegurança para a Internet das Coisas Industrial

Uma percentagem muito pequena dos dispositivos ligados em todo o mundo pertence à Internet Industrial das Coisas (IIoT). Não é assim tão fácil empurrar toda a indústria mundial para a 4ª revolução industrial. Este tipo de transformação industrial trar-nos-ia a próxima geração de activos industriais, designada por tecnologia ciberfísica. Muitos peritos sugerem que, em 2020, teremos mais de 50 mil milhões de dispositivos ligados entre si em todo o mundo. Alguns dados indicam que, atualmente, apenas 1% desses dispositivos ligados fazem parte dos sistemas IIoT. É um grande desafio desenvolver e implementar software e hardware que satisfaçam os elevados requisitos industriais a um nível e proporcionem algum progresso e prosperidade tecnológica e económica numa outra fase.

A revisão rápida

Muitas pessoas falam sobre a IIoT e, de facto, todas concordam que este conceito mudaria significativamente as nossas economias e sociedades. Então, o que há de tão espetacular neste novo conceito? Em primeiro lugar, traria a Internet para uma indústria e não apenas para os escritórios, mas para as linhas de produção. Com este paradigma, começaria a 4ª revolução industrial. Não é nada fácil lidar com todos esses sensores, controladores e actuadores pertencentes aos sistemas de controlo industrial. Esses sistemas seriam normalmente os mecatrónicos, o que significa que lidariam com vários subsistemas, como os subsistemas mecânicos, eléctricos, informáticos e de controlo de todo o bem. Dependendo das condições de trabalho, os sistemas de controlo podem ser incorporados e industriais. Os sistemas incorporados são aplicados em ambientes muito práticos, enquanto os controladores industriais, como os PLC, os sistemas SCADA e os PC industriais, são frequentemente utilizados nas indústrias pesadas. A indústria é um local de habituais mudanças de temperatura, oscilações de pressão, irregularidades de humidade e condições perigosas em geral, pelo que devemos pensar em como nos mantermos seguros e protegidos nestas circunstâncias. Além disso, não é fácil conceber uma solução industrial que tenha em conta todos os parâmetros relacionados com a instalação e, ultimamente, com todo o algoritmo de controlo.

Com este esforço, tentaremos descrever todas as possibilidades oferecidas pela IIoT nestas condições difíceis. Além disso, se lidarmos com a Internet nesse ambiente difícil, devemos saber que pode haver muito ruído eletromagnético que interfere com o resto das comunicações, normalmente sinais sem fios. O objetivo final de qualquer infraestrutura industrial seria a sua fiabilidade durante o processo de trabalho. Assim, um equipamento tão robusto deve ser utilizado num ambiente tão adverso, durante três turnos por dia - até 7 dias por semana - e concordará que só máquinas fiáveis podem obter um tal ciclo de vida. Além disso, os produtos fabricados com essa produção devem demonstrar um certo nível de fiabilidade em termos da sua utilização num vasto espetro de condições diversas. Assim, se se fabricarem automóveis utilizando esse tipo de produção, estes devem funcionar igualmente bem num deserto africano ou durante os dias de neve no Alasca. No total, as pessoas que se familiarizam com o progresso e o desenvolvimento tecnológico não ficariam surpreendidas com a imagem do mundo atual. Trata-se apenas da transformação de uma fase do desenvolvimento humano para outra. Além disso, através deste artigo, tentaremos explicar como funcionam os sistemas IIoT e como podemos protegê-los num sentido cibernético.

A IIoT na prática

Os sistemas modernos de IIoT lidam com três camadas durante o seu funcionamento. Estas camadas abrangeriam um dispositivo como algo que está a ser controlado e aplicado para obter um determinado processo; um nó de nevoeiro que tentaria recolher dados do dispositivo e transferi-los para a terceira camada, que é a plataforma da nuvem. O papel da plataforma da nuvem seria recolher dados da camada de nevoeiro e submetê-los a uma análise que nos daria a oportunidade de produzir alguma inteligência. Essa inteligência poderia ser utilizada para a formulação de estratégias futuras que poderiam ser aplicadas para as melhorias do processo industrial, bem como alguns avanços na ciberdefesa que nos ofereceriam mais segurança e proteção durante o processo de trabalho. De facto, esta é uma grande oportunidade para definir as melhores práticas e investigar as novas perspectivas numa aplicação de sistemas industriais para produzir resultados económicos de elevada qualidade. Através da Figura 1, ilustramos a forma como as três camadas mencionadas do sistema IIoT aparecem numa prática. A ilustração é apresentada da seguinte forma.

Figura 1. O diagrama da IIoT

Como se pode ver na Figura 1, o conceito de IIoT incluiria três etapas no seu funcionamento. Estas seriam um dispositivo, um nó de nevoeiro e uma plataforma de nuvem. O dispositivo pode ser qualquer peça de equipamento que nos dê a oportunidade de sentir o nosso ambiente.

Algumas perspectivas da IIoT

Alguns especialistas concordam que existem três fases na análise da IIoT, nomeadamente a deteção, a compreensão e a ação. Para efeitos de deteção, utilizaríamos os sensores, os dispositivos de medição e alguns sistemas inteligentes. Estes oferecer-nos-iam a opção de recolher o máximo de informações úteis possível e com tanta frequência - esta fase seria correlacionada com a consciência situacional. Por outras palavras, estes sistemas ajudar-nos-iam a compreender melhor a situação quando os seus resultados fossem submetidos ao processo analítico. Assim, a análise é a fase deste procedimento que trata da compreensão. Por fim, quando se tem conhecimento da situação no seu ativo industrial, é-se capaz de produzir alguma ação que - neste caso - se reflecte através de alguma inteligência acionável. Uma vez posta em prática essa inteligência acionável, a situação alterar-se-á e avançará, sem dúvida. Por último, vamos abordar a Figura 2, que nos mostra o aspeto prático do ativo IIoT se aplicarmos este conceito de três camadas. A Figura 2 é apresentada da seguinte forma

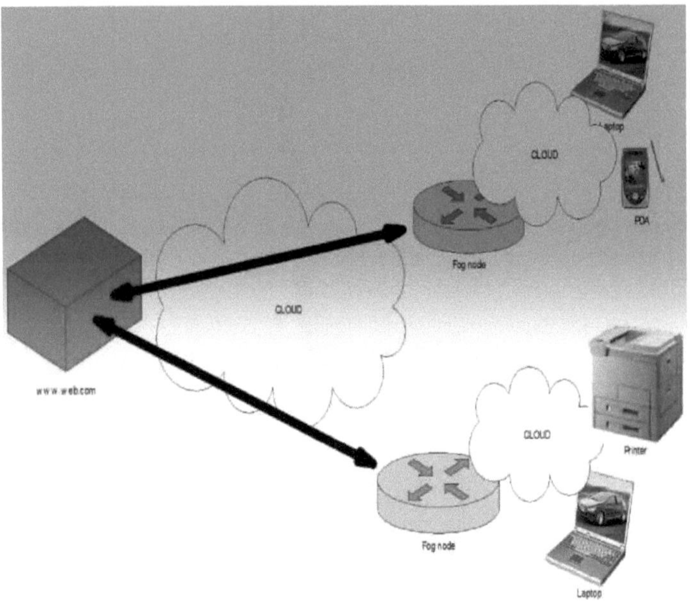

Figura 2. O esquema interativo da IIoT

A figura acima ilustra-nos a forma como os dados fornecidos através da figura 1 aparecem na prática. Neste caso, os dispositivos seriam algumas unidades de computação e impressão, enquanto os nós de nevoeiro seriam alguns routers. Estes routers estariam no limite e aí recolheriam dados que seriam enviados para a plataforma da nuvem para análise. Acrescentamos ainda que esta ilustração é o nosso esforço autêntico desenhado no software CADE. É importante mencionar que a utilização das plataformas da nuvem como uma infraestrutura para as análises pode ser um bom passo em termos de segurança. Por exemplo, é possível executar essa plataforma a partir de qualquer computador que tenha uma ligação à Internet. Isso significaria que essa plataforma poderia ser utilizada em caso de emergência para interromper uma situação indesejada. No que diz respeito aos nós de nevoeiro, acrescentamos que se trata de sistemas que nos oferecem qualquer tipo de computação, armazenamento e conetividade de rede e, em termos físicos, esses sistemas podem incluir routers, switches, servidores em nuvem e até câmaras de videovigilância. As plataformas em nuvem ou baseadas na Web são especialmente convenientes para a gestão de dados à distância e, por isso, se ocorrer algum incidente, o apoio técnico pode resolvê-lo seguindo algumas das melhores práticas que lhes são explicadas através de alguma educação e formação contínuas.

As conclusões

Em conclusão, sugerimos ao resto da comunidade de especialistas que se ocupam deste tema de vanguarda que envidem o maior número de esforços possível, de modo a podermos fazer avançar este conceito e obter mais recursos bem estudados.

Capítulo 4: A Internet das Coisas nas empresas

4.1. Os Crawlers IoT e a Inteligência Competitiva

O mercado atual pode oferecer muitos altos e baixos aos possíveis empresários que tentam assumir um papel neste ambiente muito competitivo. Não é nada fácil gerir o seu negócio num ambiente em que todos tentam fazer com que a sua empresa entre em colapso. Tal como acontece ao longo da história, as pessoas encontram sempre uma razão para iniciar um conflito. Os motivos que os levam a fazê-lo estão geralmente relacionados com o poder económico. O mundo atual lideraria, sem dúvida, as guerras no sentido militar, mas os maiores conflitos surgiriam no mercado. Este tipo de guerras seria altamente sofisticado e aplicaria normalmente uma nova tecnologia na sua competição impiedosa pelo poder, dinheiro e influência. As tecnologias emergentes que estão a ser utilizadas neste caso são os avanços da IoT que serviriam para recolher a inteligência competitiva. Como se sabe, as soluções IoT podem ser úteis em muitos serviços comerciais e financeiros, mas a questão aqui seria como poderiam ser utilizadas na recolha de resultados tão dispendiosos. Além disso, as tecnologias IoT lidariam com os seus crawlers, que ofereceriam a muitos utilizadores a oportunidade de obter um endereço IP do computador, servidor Web ou serviço de correio eletrónico de alguém. Se tentarmos dar um passo em frente, facilmente nos aperceberemos de que esse endereço IP pode pertencer a algumas empresas privadas ou públicas que não seguem as melhores práticas e não protegem os seus activos no sentido cibernético. Deste ponto de vista, torna-se claro que uma infraestrutura deste tipo ficaria vulnerável a ataques de hackers cujo objetivo seria recolher informações úteis para os seus concorrentes. Através deste artigo, pretendemos falar um pouco mais sobre todas as vantagens e desvantagens dos motores de busca IoT, como o Shodan e o Censys, bem como salientar os possíveis riscos comerciais que existem se este tipo de rastreadores cair nas mãos dos adversários. Como se sabe, a pirataria informática e a espionagem cibernética são proibidas por lei em muitos países, mas, numa arena empresarial, seriam vistas como irregularidades utilizadas para obter algum tipo de vantagem sobre os seus concorrentes. Para lidar com a inteligência competitiva, são necessárias muitas competências e conhecimentos estratégicos que o ajudem a tomar boas decisões. Por outras palavras, não é suficiente lidar com a informação bem preparada - é preciso saber como aplicá-la e tomar a melhor decisão possível que conduza a sua empresa na direção certa. Por fim, é importante estar ciente das potenciais complicações de fazer parte da concorrência de um mercado, o que significaria praticamente que passaria por muitos altos e baixos antes de ter sucesso no negócio. Esperamos que um documento tão bem estudado e explicado ajude os principais actores empresariais a compreender melhor a situação no seu domínio e a responder de forma inteligente a quaisquer desafios que lhe sejam colocados.

O que é a Inteligência Competitiva?

A inteligência competitiva é qualquer tipo de descoberta que esteja correlacionada com as actividades dos concorrentes e algumas das suas tendências futuras. É sabido que, quando uma empresa aparece no mercado, é alvo de algum tipo de atenção por parte dos seus concorrentes. À medida que o tempo passa e a empresa cresce, torna-se óbvio que os concorrentes se preocupam mais com a sua parte do mercado, pelo que tentam recolher algumas informações sobre a empresa em crescimento. O objetivo da recolha deste tipo de descobertas é formular uma estratégia sobre os passos que devem ser dados. Em muitos casos, os concorrentes utilizam informações de fonte aberta para lidar com a imagem bastante clara do seu alvo. Por vezes, não basta observar o concorrente a partir do exterior - é preciso ver o que ele faz dentro do seu sistema. Por outras palavras, falaríamos de espionagem empresarial como uma forma de recolher informações extremamente importantes para o ativo de alguém. Na Figura 1 - ilustramos como funciona a filtragem desses dados numa prática.

Figura 1. O desenvolvimento de conclusões críticas

A Figura 1 mostra o aspeto prático do processo de transformação de dados em informação e em inteligência. É bastante claro que, uma vez recolhido algum conteúdo, estaremos a lidar com dados. Por outro lado, a informação é algo novo para nós. Assim que processamos todos os dados e clarificamos o que é a notícia - lidamos com a informação. Neste caso, lidaríamos com o conteúdo que está ligado às actividades da concorrência, pelo que chamaríamos a essa informação a informação competitiva. Finalmente, para produzir inteligência competitiva, é necessário analisar as informações críticas e dar-lhes uma conotação estratégica. Por outras palavras, a inteligência competitiva é qualquer tipo de descoberta que lhe diga um pouco mais sobre os seus concorrentes. No mundo atual das soluções de alta tecnologia, não é raro que as grandes empresas utilizem uma tecnologia emergente para obter informações sobre as actividades dos seus adversários. Como é sabido, as sociedades desenvolvidas utilizam sobretudo as soluções IoT para as suas necessidades privadas e comerciais. A IdC é um mercado em rápido crescimento que inclui todos os dispositivos ligados à Web e que utilizam essa ligação para comunicar entre si. Os sofisticados motores de busca da IdC, como o Shodan e o Censys, oferecem-nos a possibilidade de obter informações sobre o endereço IP de alguém que esteja a ser utilizado para um dispositivo de escritório, um servidor Web ou um serviço de correio eletrónico. Torna-se óbvio que tal descoberta poderia ser utilizada em algumas das campanhas de hackers, cujo papel seria roubar algumas das informações confidenciais que se encontram dentro dessa infraestrutura empresarial. Sem dúvida, isto ajudaria os atacantes a obter uma melhor visão do que está a acontecer dentro dessa empresa, bem como a utilizar as descobertas altamente precisas para preparar o seu próximo passo na competição de um mercado. Não é apenas uma coincidência que algumas pequenas empresas e empresas em fase de arranque entrem em colapso após alguns anos num mercado. É simplesmente a questão de uma estratégia bem executada da concorrência que esmagaria essas empresas que normalmente lidam com grandes ideias de negócio - mas, infelizmente, não suficientemente boas para as manter num mercado.

O papel da IoT num conjunto de empresas

A aplicação das tecnologias IoT num ambiente empresarial pode ser bastante vasta. Em primeiro lugar, muitos dispositivos utilizados nas empresas podem ser ligados direta ou indiretamente à Internet. Em segundo lugar, algumas empresas poderiam utilizar sistemas de controlo industrial e alguma robótica de fabrico, pelo que esses dispositivos também aplicariam o sinal da Web para comunicarem entre si. Quando se fala de uma empresa, a primeira associação que se faz é a de um escritório - um local com equipamento altamente moderno e indivíduos jovens e com perspectivas. Infelizmente, nem sempre é esse o caso - especialmente num mundo em desenvolvimento. Os escritórios podem ser mais modestos e o equipamento menos moderno. De qualquer modo, mesmo assim, a empresa pode fazer parte de uma família

IoT que utiliza o sinal da Web como meio de comunicação. Na Figura 2, é ilustrada a forma como a topologia de rede em estrela está bem protegida e como pode ser utilizada para explicar um conceito de IoT. A ilustração é o nosso esforço autêntico e foi concebida utilizando a ferramenta CADE da seguinte forma.

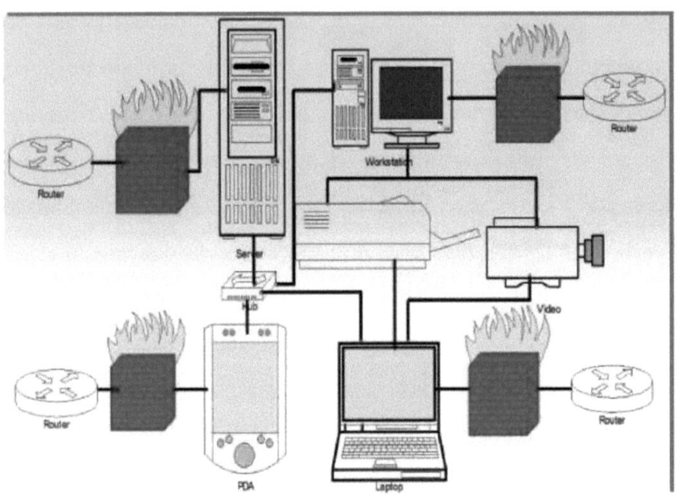

Figura 2. A topologia da rede em estrela

A figura acima mostra o aspeto de uma pequena topologia de rede em estrela a ser utilizada - digamos - num escritório. Veríamos o servidor ligado à Web, que formaria uma topologia de rede em estrela - utilizando um hub switch - com a estação de trabalho, o computador portátil e o dispositivo PDA. Torna-se óbvio que qualquer acesso à Internet passaria pela configuração da firewall, seja ela de software ou de hardware. O interessante é que este ativo de escritório dependeria de dois dispositivos periféricos, uma impressora e um projetor de vídeo, que - através do resto do equipamento informático - também entrariam em contacto com as comunicações Web. Muitos especialistas consideram que a topologia em estrela bem protegida é a rede mais segura e que o principal inconveniente seria o seu custo elevado, tendo em conta a sua robustez. De qualquer modo, as soluções IoT encontram o seu lugar num ambiente empresarial e podemos imaginar como seria inconveniente se não protegêssemos o nosso ativo IoT e alguém com más intenções obtivesse o nosso endereço IP simplesmente utilizando alguns dos motores de busca IoT. É sabido que qualquer perda de informação comercial pode custar muito caro a uma empresa e, no pior dos casos, toda a empresa pode fechar. Isto é algo com que qualquer concorrente sonharia e, acredite-se ou não, está disposto a investir bom dinheiro para o conseguir. Por esta razão, apelamos a todos os decisores que trabalham para as agências governamentais para que emitam algum tipo de aviso sobre o quão enganador pode ser um ambiente IoT e forneçam também algumas recomendações sobre a forma de abordar uma determinada situação vivida numa clínica. Por último, se garantir um determinado nível de segurança da informação no seu trabalho, estará a garantir também um bom nível de segurança financeira, o que é mais do que benéfico nos dias de hoje. Através deste documento, faremos uma breve descrição geral da forma como a rede IoT utilizada num ambiente empresarial se apresenta a partir do seu interior. É bastante claro - trata-se sobretudo de computadores, dispositivos portáteis, equipamento de escritório e servidores. Além disso, é sabido que muitas empresas utilizam o sítio Web como forma de apresentar as suas actividades. Esse endereço Web pode ser utilizado com as ferramentas Web de geolocalização para obter um endereço IP desse servidor Web. Por vezes, é suficiente lidar com os resultados fornecidos por alguns dos motores de busca IoT, como o Shodan e o Censys, para obter detalhes suficientes sobre um computador ou toda a rede. Em muitos casos, as empresas deixam os seus endereços de correio eletrónico nos seus sítios Web e, desta forma, é possível tentar alguns dos conhecidos ataques de phishing. Neste artigo, não vamos falar sobre as campanhas de phishing - mas não é má ideia mencionar esta técnica de pirataria informática como uma forma bastante conveniente de obter informações confidenciais. Se tivermos em conta que um cibercrime custaria à economia global cerca de 2% do seu PIB e que estas seriam as consequências diretas, sem ter em conta os efeitos indirectos a longo prazo, torna-se claro que esta atividade pode tornar-se bastante dispendiosa. O papel deste esforço de investigação consiste em sensibilizar para a forma como os crawlers da IoT podem servir para recolher informações sobre a concorrência e não prestaremos grande atenção a uma análise da relação custo-eficácia da cibercriminalidade. Por outras palavras, trataríamos o mercado como um local de concorrência interminável, onde as pessoas não hesitariam em aplicar muitos métodos para proteger os seus interesses comerciais e possíveis lucros. Qualquer pessoa que esteja à procura de informações competitivas para formular uma estratégia para as suas transacções no mercado deve saber que pode tornar-se um alvo dos seus concorrentes. Por isso, é muito importante proteger os activos da sua empresa no sentido cibernético, uma vez que só essa forma de garantia pode oferecer-lhe um certo nível de segurança financeira. Por último, este seria um método útil de correlacionar uma tecnologia IoT com a segurança financeira e podemos dizer com orgulho que não veríamos um esforço semelhante no âmbito da inteligência de fonte aberta.

As formas de garantir uma tecnologia IoT

Como se sugere neste documento, qualquer pessoa pode ser alvo da espionagem empresarial da IoT. O mercado é conhecido como um ambiente altamente competitivo e a utilização da tecnologia IoT e dos seus crawlers pode ser reconhecida como uma das técnicas a aplicar numa luta tão impiedosa. A questão é que não se pode obter uma proteção absoluta em nenhum sentido - só se pode fazer algum tipo de gestão do risco. Muitos especialistas recomendam que pode ser útil se um utilizador do ativo IoT mexer nas suas portas de entrada, tentando bloqueá-las, bem como na configuração da autenticação. Por outras palavras, é muito importante fazer uma boa configuração da firewall e do login. Isso ajudá-lo-ia a manter-se imune aos ataques dos hackers? Digamos que - à primeira vista - pode fazer com que lide com menos ameaças, mas teria, sem dúvida, de manter esse risco a um nível aceitável. Além disso, é importante mencionar que tudo depende do tipo de ferramentas utilizadas nas campanhas de pirataria informática. Por exemplo, se os piratas informáticos estiverem presentes no mercado negro, poderá ter a oportunidade de se manter cibernético, enquanto gere corretamente o seu risco. Por outro lado, se for alvo de atacantes patrocinados pelo Estado, pode ficar sem qualquer hipótese de se proteger, uma vez que esses indivíduos utilizam as ferramentas mais avançadas para entrar no seu sistema. Finalmente, é bastante óbvio que muitos gigantes empresariais não poupariam dinheiro e esforços para eliminar alguns dos seus concorrentes do mercado, pelo que a questão é que nunca estaria suficientemente seguro.

As notas de discussão

A inteligência competitiva é uma área bastante recente da investigação empresarial e pode ajudar os principais intervenientes presentes num mercado a tomar uma decisão racional relativamente ao curso da sua ação empresarial. Por vezes, este tipo de inteligência pode ser aplicado no conflito real de interesses que se verifica no mercado. Através deste esforço de investigação, tentaremos discutir a forma como os motores de busca IoT podem ser utilizados na recolha de informações sobre a concorrência, principalmente a partir do interior, porque essas ferramentas oferecem sempre uma oportunidade aos piratas informáticos de entrarem no sistema de alguém. É bem sabido que as jovens empresas atraem alguma atenção do resto do mercado, mas são elas que provocam as verdadeiras acções contra elas quando provam que podem expandir-se no mercado. As grandes empresas nunca ficariam satisfeitas com tal situação e investiriam muitos esforços para fazer desaparecer essa empresa do mercado. Qualquer tipo de informação sobre o que outra pessoa faz pode ser útil, por isso não é má ideia confiar nos rastreadores da IoT neste caso. Como é óbvio, este tópico estaria ligado à área da espionagem empresarial e recomendamos vivamente a todos os que lidam com este campo que tentem pensar no sentido da segurança empresarial, de modo a evitar que ocorram alguns ataques e a assegurar a sua infraestrutura empresarial.

4.2. Como a IoT pode acelerar o seu negócio

A Internet das Coisas (IoT) pode ser encontrada em muitos ambientes multitarefa, como escritórios, linhas de produção, fábricas e assim por diante. O facto é que esta tecnologia bastante recente pode, de alguma forma, melhorar o seu processo de trabalho, produtividade e eficácia. Então, como é que isso é possível? Em primeiro lugar, a rede IoT contaria com muitos dispositivos que fazem parte de um grande ativo da Internet. Isso significa que seria capaz de gerir todos os dispositivos, por exemplo, no seu escritório, utilizando as capacidades de controlo remoto. Dizemos intencionalmente as opções de controlo remoto, porque a IoT moderna depende principalmente de tecnologias sem fios. Com este esforço, tentaremos analisar mais de perto os avanços da tecnologia sem fios, bem como discutir a forma como a rede IoT pode ser utilizada para acelerar o seu negócio. É bem sabido que as empresas modernas prestam muita atenção à sua eficácia por uma questão de rentabilidade e competitividade. A questão é que pode lidar com uma grande ideia de negócio, mas se não for capaz de a implementar dentro de um período de tempo mínimo, pode perder a sua concorrência no mercado. Por outras palavras, deve ter consciência da importância de realizar a sua tarefa de forma eficaz em termos de tempo. A melhor maneira de o conseguir é através da aplicação das tecnologias IoT. Tente imaginar como seria cómodo lidar com um dispositivo de controlo remoto que controlasse a sua impressora, o sistema de ar condicionado, a máquina de fotocópias ou a mensagem de voz com alguns toques no ecrã tátil do seu tablet. Além disso, não é assim tão difícil perceber como seria cómodo se pudesse controlar as ferramentas da sua indústria numa fábrica com apenas alguns movimentos. Bem, esta não é uma história de ficção científica, mas sim a realidade em muitas economias desenvolvidas e seria possível no resto do mundo num curto espaço de tempo. Por isso, vamos tentar sublinhar este tema tão interessante e fazer algumas perspectivas sobre ele.

As tecnologias sem fios e IoT

A forma mais conveniente de enviar o sinal de comando para algum sistema IoT é através do canal sem fios. A questão aqui é saber até que ponto essa transferência de informação é segura. A resposta a esta pergunta sugere-nos que as tecnologias sem fios, como qualquer outra coisa, são vulneráveis aos ataques dos piratas informáticos, mas se aplicarmos as boas práticas às nossas actividades, reduziremos definitivamente o nível de risco. O grande boom das tecnologias sem fios começou, digamos, há uma década, com a descoberta da tecnologia de transmissão de energia sem fios, descoberta no MIT, nos EUA. O grupo de cientistas do MIT, liderado pelo Professor Marin Soljacic, conseguiu transferir a energia de uma bobina para outra. Esta foi a nova descoberta revolucionária e este problema tem desafiado tantas mentes brilhantes ao longo da história, incluindo o conhecido inventor americano Nikola Tesla. Este cientista investiu muitos esforços para investigar profundamente a transferência de energia sem fios, mas nunca conseguiu concretizar o seu sonho. Por outro lado, a equipa do MIT investigaria cuidadosamente os esforços de Tesla e faria uma descoberta que mudaria o mundo. Pouco depois de publicarem os primeiros artigos sobre a sua descoberta, os investigadores do MIT iniciaram a produção de carregadores de energia sem fios. Assim, o sonho do Professor Soljacic de recarregar os dispositivos tecnológicos a curta distância tornou-se realidade. Desde então, muitos investigadores têm-se dedicado a esta tecnologia, tentando aplicá-la a muitos ramos da indústria. Hoje, podemos ver o impacto dessa inovação.

Como é óbvio, as tecnologias sem fios modernas não tratam apenas da transferência de informação, mas sim da transmissão de energia. No nosso livro, descrevemos a tecnologia IoT como uma rede de muitos dispositivos que utilizam o sinal da Internet para comunicar entre si. Por outras palavras, se quisermos que a transmissão do sinal seja tão conveniente, devemos recorrer a tecnologias sem fios. Digamos que a mais adequada para esse efeito seria a aplicação da Web sem fios. Esta tecnologia ajudá-lo-ia, por exemplo, a utilizar o dispositivo móvel para realizar várias tarefas num ambiente multitarefa. O sinal sem fios tem uma desvantagem significativa, que é a sua capacidade de causar algum tipo de interferência. Isto pode afetar a qualidade da transferência de informações se o seu ambiente de trabalho ficar sobrelotado com tantas unidades de transmissão e receção. Além disso, mencionamos alguns problemas de segurança que tornam esta rede de alguma forma vulnerável a incidentes cibernéticos. A Internet sem fios utilizaria os protocolos bem encriptados, mas mesmo com esse tipo de proteção poderia ser violada no sentido cibernético. Por outras palavras, a combinação da tecnologia sem fios com as redes IoT pode oferecer-lhe muitas vantagens, mas também deve ter em conta algumas das desvantagens mencionadas anteriormente. Por último, encorajamos vivamente toda a gente a experimentar as tecnologias IoT suportadas pelas redes sem fios, mas - em qualquer caso - deve seguir as boas práticas que lhe proporcionam mais segurança e proteção. Esta abordagem pode definitivamente acelerar o seu negócio e proporcionar-lhe um ambiente operacional de fácil utilização.

Como funcionaria o Ativo Inteligente

Recentemente, encontramos um belo ditado que sugere que devemos trabalhar menos, mas de forma inteligente. Mesmo que utilize muitos fios para ligar os seus dispositivos IoT ou recorra a soluções sem fios mais rentáveis, deve saber que esses sistemas melhorariam sem dúvida a experiência do utilizador e fá-lo-iam lidar de forma muito inteligente. Um bom exemplo de como pode instruir os seus dispositivos sem fios é a utilização de um PDA com ligação à Web sem fios que pode ajudá-lo a tornar o seu ambiente mais inteligente. A ilustração deste dispositivo é produzida no CADE e apresentada na Figura 1, como se segue.

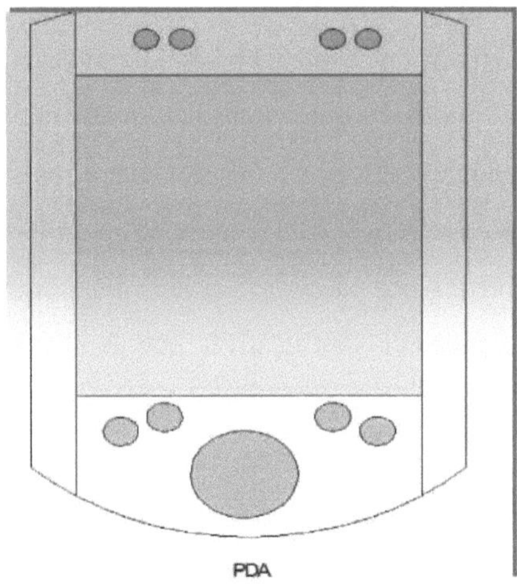

Figura 1. O controlador PDA

No caso de utilizar o dispositivo PDA para controlar o seu ativo IoT, como mostra a Figura 1, é importante saber que esse dispositivo deve lidar com o software sincronizado com o resto do ambiente IoT que o ajudará a gerir o seu equipamento de trabalho. Desta forma, é muito importante compreender que o ditado - *Trabalhe menos, trabalhe de forma inteligente!* - obteria o peso real. Seu ambiente de trabalho inteligente literalmente lhe daria a chance de otimizar seu processo operacional e ganhar algumas habilidades técnicas de TI úteis em relação ao seu papel nesse negócio. Como sabemos, as soluções emergentes, incluindo as tecnologias IoT, operariam no período de tempo sub-segundo e isso definitivamente significaria mais eficiência e eficácia durante sua rotina diária. Além disso, muitas soluções IoT seriam utilizadas na vida privada e as pessoas aprenderiam a tirar o máximo partido destas tecnologias úteis. Dir-se-ia que ficaríamos tecnologicamente bem equipados e mais racionais na aplicação destes novos avanços. O principal desafio para o mundo da IdC seria normalmente a sua segurança e esperamos que os líderes da indústria saibam como resolver esse problema.

Quanto maior a produtividade, mais competências

Se fizermos um breve resumo das tecnologias IoT que estão a ser utilizadas no ambiente empresarial, aperceber-nos-emos de que a nova tecnologia poderia oferecer-nos uma melhor produtividade - mas também exigiria de nós mais competências nas áreas de TI e técnicas. Por outras palavras, não estaríamos a aumentar o QI do nosso ambiente de trabalho, mas sim de toda a força de trabalho, que precisaria de algum tempo para aprender a utilizar essa tecnologia de forma atempada e eficaz. Não há empresa inteligente sem pessoas inteligentes. Assim que criarmos uma equipa de profissionais que lide com os sistemas IoT de forma tão competente, podemos contar com uma melhor produtividade e maiores lucros. Esse é, sem dúvida, o principal objetivo de qualquer empresa e a principal razão pela qual as empresas investem em soluções emergentes. Bem, se consumirmos menos tempo, formos mais produtivos e mais rentáveis - o nosso negócio irá definitivamente acelerar e esse é um dos maiores benefícios da tecnologia IoT. Além disso, é interessante mencionar que a Internet Industrial das Coisas (IIoT) estaria no seu início e traria grandes benefícios para os gigantes da indústria, sendo os primeiros no mundo a aplicá-la. Esta nova tecnologia ainda terá muitos desenvolvimentos e melhorias e alguns especialistas sugerem que o nosso mundo tecnológico permanecerá mais ou menos o mesmo nos próximos tempos. Definitivamente, precisaríamos de muito tempo e esforço antes de inovar neste domínio e definir o novo rumo do nosso progresso tecnológico.

As notas de finalização

Através deste capítulo do livro, podemos ver como as tecnologias emergentes podem ser benéficas tanto para a nossa vida privada como para a nossa vida empresarial. Veremos que todos os investimentos na nova tecnologia, bem como a formação do pessoal para a utilizar, podem trazer-nos boas vantagens. Por outras palavras, a tecnologia IoT pode alavancar a nossa posição no mercado, bem como tornar os nossos funcionários mais capazes, eficazes e produtivos na resolução das suas tarefas diárias. Em conclusão, as redes IoT são o gadget perfeito para o ambiente multitarefa e estamos bastante confiantes em dizer que a revolução industrial 4th está a trazer muitos benefícios para todos.

Capítulo 5: A segurança da Internet das coisas

5.1. O que é a segurança IoT?

Como veremos ao longo deste livro, o principal desafio relacionado com a IoT é a sua segurança. O nosso mundo tornou-se tão ameaçador e, independentemente do grau de desenvolvimento de uma tecnologia, há que ter sempre em atenção a sua segurança. Muitas soluções da IdC encontram as suas aplicações em infra-estruturas críticas, o que significa que qualquer tipo de dano pode custar muito ao país e à sua nação. Um bom exemplo de uma infraestrutura crítica utilizada em quase todo o lado são os fornecedores de Internet que fornecem alguns serviços Web aos seus clientes. No caso de um dos fornecedores ser alvo de ataques de hackers e entrar em colapso - todos os clientes perderiam o acesso à Web. Isto é bastante preocupante do ponto de vista do sector empresarial, porque as empresas e as companhias podem sofrer algum tipo de descontinuidade comercial. Por vezes, pode demorar muito tempo até que o sistema seja recuperado e é possível imaginar a gravidade das consequências para as infra-estruturas críticas. As infra-estruturas críticas são de importância vital ou estratégica para qualquer nação e, em caso de colapso, todo o país pode sofrer impactos catastróficos. Referimo-nos ao colapso dos fornecedores de Internet que prestam serviços a muitas pequenas empresas que, nesse caso, poderiam perder um tempo precioso à espera que a falha fosse reparada e sofrer perdas financeiras significativas. Isto poderia afetar toda a economia, que poderia sofrer uma queda da sua produtividade, eficácia e rendimentos. Por outro lado, tente imaginar como seria grave para a sua segurança se alguém invadisse a câmara do quarto dos seus filhos e obtivesse os registos dos mesmos. De facto, a câmara Web faz definitivamente parte da rede IoT e, se quiser proteger a sua privacidade, deve pensar bem em alguns passos que lhe ofereçam a oportunidade de lidar com as boas práticas de segurança. Por outras palavras, recomendamos que siga alguns dos conselhos que encontrámos na literatura, nomeadamente o bloqueio das portas de entrada, uma melhor autenticação e a proteção do seu endereço IP privado. Esperamos que este esforço lhe forneça algumas das respostas a estas questões cruciais.

As ligações de entrada e de saída

A forma mais conveniente de assegurar o seu dispositivo é através da sua Firewall - quer seja software ou hardware, de acordo com a sua configuração. A Firewall em combinação com a solução anti-malware e o sistema de deteção/prevenção de intrusão é a melhor forma de manter o seu risco a um nível aceitável. Neste exemplo, falaremos do software clássico de Firewall que oferece a possibilidade de gerir as ligações de entrada e de saída. As ligações de entrada são normalmente designadas por portas de entrada, enquanto as ligações de saída são conhecidas por portas de saída. Ambas as portas são bidireccionais, o que significa que pode enviar o pedido e receber a resposta de ambas. Algumas recomendações de boas práticas sugerem que deve bloquear as portas de entrada porque a maioria das ferramentas de hackers disponíveis publicamente utilizaria as portas de entrada para obter acesso ao seu dispositivo. Por outro lado, se bloquear o tráfego de entrada, a sua Internet funcionará perfeitamente utilizando apenas as portas de saída. Na Figura 1, tentamos ilustrar como funciona se desativar as portas de entrada.

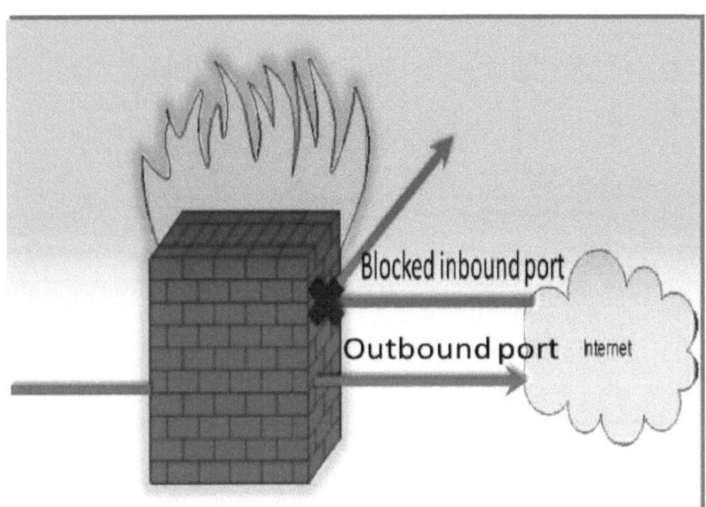

Figura 1. Como bloquear as portas de entrada?

Como mostrado na Figura 1 - existe uma opção para bloquear totalmente as portas de entrada. Isto significa que nenhum sinal de pedido enviado da Internet terá a hipótese de passar pela Firewall. Na maioria das aplicações da Firewall, as portas de entrada são desactivadas por defeito, o que significa que o fabricante pensou antecipadamente na segurança dos seus utilizadores. Além disso, por vezes é necessário ativar as portas de entrada, principalmente devido ao acesso remoto à máquina, e abrir algumas das ligações de entrada. Isto pode ser bastante complicado porque essas portas tornariam o seu sistema vulnerável aos ataques dos hackers. Finalmente, tentaríamos demonstrar como funciona na prática a aplicação de algumas das ligações de entrada e de saída. Essa ilustração é apresentada na Figura 2, como se segue.

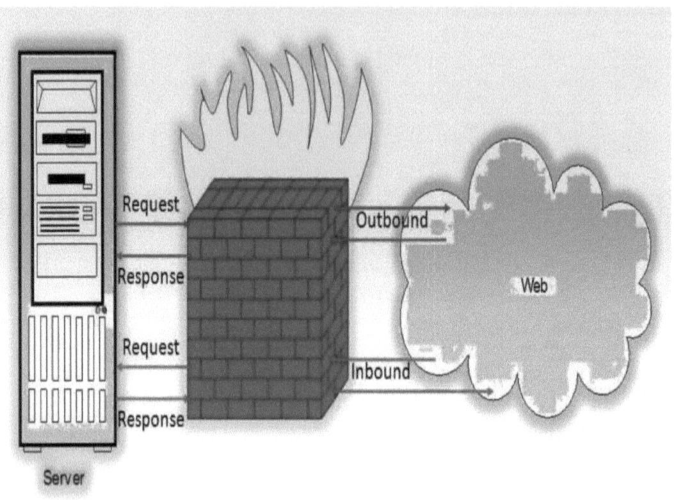

Figura 2. A configuração da Firewall

Conforme mostrado na figura anterior, as conexões de saída enviariam solicitações de um servidor e receberiam as respostas da Web. Por outro lado, as portas de entrada receberiam os pedidos da Web e enviariam as respostas do servidor. É bastante óbvio que, em ambos os casos, estamos a lidar com canais de comunicação bidireccionais. No final, é bastante claro que o tráfego da Web pode passar apenas por uma dessas ligações e isso pode funcionar de forma bastante satisfatória caso não necessite de todas as capacidades de proteção da sua Firewall. Além disso, se for esse o caso, deve saber que pode sempre configurar a sua Firewall para permitir o acesso apenas às aplicações desejadas. Este tipo de solução requer algumas competências e muitos profissionais de segurança informática saberiam como ajustar as capacidades da sua solução Firewall.

As boas práticas de segurança para uma IoT

Algumas das sugestões relativas às boas práticas de segurança dos dispositivos IoT dizem que deve prestar atenção à autenticação do seu dispositivo. Este tipo de configuração dar-lhe-ia a oportunidade de restringir o acesso à sua máquina a muitas ferramentas de pirataria informática. Através de alguns passos, mostraremos como isto pode ser obtido, por isso comecemos com a Figura 3, como se segue.

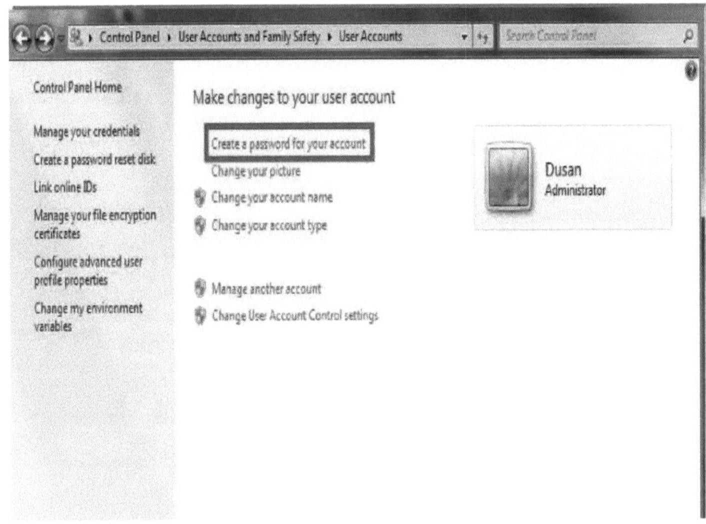

Figura 3. Exemplo de contas de utilizador

A Figura 3 ilustra a forma como pode ajustar o acesso ao seu dispositivo. Por vezes, os piratas informáticos podem violar o seu sistema por uma razão: podem fazer muitas tentativas de adivinhação antes de obterem os seus dados de acesso. Além disso, existem algumas ferramentas no mercado negro que lhes oferecem a oportunidade de obter o seu nome de utilizador e a sua palavra-passe. De qualquer forma, é sempre recomendável escolher uma palavra-passe forte e alterá-la periodicamente para fins de segurança. O seu funcionamento é apresentado na Figura 4 da seguinte forma.

Figura 4. Como criar uma palavra-passe para a sua conta?

Com a Figura 4 - finalizaríamos a nossa visão geral sobre a forma como deve utilizar a autenticação inteligente para proteger os seus activos IoT. Perceberá que a segurança da tecnologia IoT é bastante semelhante à segurança dos computadores e das redes, pelo que, se for bom a lidar com as tecnologias actuais, terá uma boa base para gerir a sua rede IoT. Por último, é importante mencionar que os sistemas IoT continuam a ser semelhantes às soluções informáticas comuns ou, por outras palavras, baseiam-se na tecnologia bem conhecida.

Os endereços IP privados e públicos

Para conseguir que seja pirateado, os agentes maliciosos procuram o seu endereço IP. Para ser mais preciso, procuram o seu endereço IP privado. Esse endereço IP seria atribuído ao seu dispositivo físico e, se quiser enganar essas pessoas, terá de mascarar o seu endereço IP privado. Em muitos casos, o seu IP privado e público seriam o mesmo, mas se aplicar algum software que lide com a opção de mascaramento - fará definitivamente com que os bandidos desistam de o piratear. Na Figura 5, ilustramos a diferença entre o seu endereço IP privado e público e, além disso, explicamos como pode tirar partido dessa simples camuflagem.

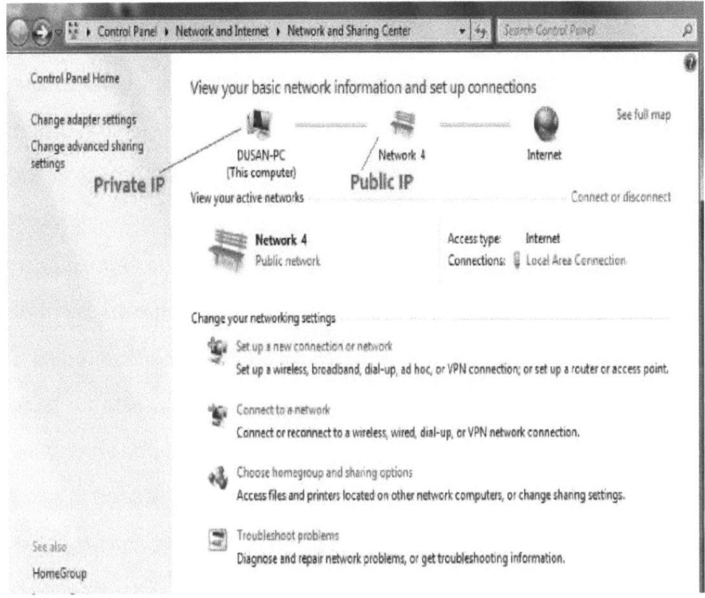

Figura 5. A diferença entre IP privado e público

Como ilustrado na Figura 5 - o endereço IP privado pertenceria ao dispositivo físico, enquanto o endereço IP público seria aquele que é reconhecido na web. O método bastante conveniente para ocultar o seu IP é a utilização do gadget VPN. Muitas pessoas em todo o mundo utilizam esta aplicação principalmente por razões de segurança. Gostaríamos de dar as boas-vindas a todos para tentar testar essa solução e fazer algum tipo de resultado que seria analisado posteriormente.

A conversa final

Concluindo, o objetivo deste esforço foi o de dar uma boa ideia de algumas das preocupações de segurança de uma tecnologia IoT. Tal como foi apresentado, não é assim tão difícil manter o risco ao nível mais baixo possível se seguirmos as boas práticas. Além disso, como todos sabemos, a área da IoT é um campo em rápida mudança e deve tentar sempre atualizar-se para se manter em contacto com os novos avanços. Por outras palavras, se quiser fazer parte de uma comunidade de especialistas, deve lidar com as tendências e as tendências actuais, bem como ter uma base profunda com as soluções tecnológicas anteriores.

5.2. Como é que a rede IoT pode ser pirateada

As redes IoT são, de facto, vulneráveis aos ataques dos hackers e podem ser comprometidas como qualquer sistema cibernético. Como sugerimos através deste esforço - a IoT tem a ver com a comunicação entre dispositivos que estão expostos ao sinal da Web. Por vezes, esses dispositivos podem ser mecatrónicos ou incorporados na sua configuração. Assim, se algumas ferramentas de pirataria informática conseguirem detetar a rede IoT e assumir o controlo sobre ela, é evidente que se pode atacar facilmente esse sistema. Na secção deste livro, tentaremos explicar como é possível piratear a rede IoT e como os motores de busca IoT podem ser utilizados para esse fim. Por exemplo, se aplicarmos o rastreador IoT como o Shodan, obteremos facilmente muitos endereços IP que nos darão a oportunidade de aceder a esses dispositivos. Em muitos casos, os utilizadores desses dispositivos não seguem qualquer prática de segurança, ou seguem-na de forma bastante deficiente, e deixam que os piratas informáticos e os cibercriminosos se aproximem das suas infra-estruturas. Em muitos casos, esses dispositivos IoT fariam parte do ativo crítico e os criminosos teriam a oportunidade de lidar com os servidores, a infraestrutura Web, as bases de dados e muito mais. Através deste esforço, falaríamos sobre as tácticas e técnicas que permitem evitar que as suas tecnologias IoT sejam alvo de ataques de hackers. É a isso que chamamos boas práticas e, normalmente, as pessoas não seguem esses conselhos. Parece que deveríamos trabalhar mais no estabelecimento de uma boa cultura cibernética que apoie os profissionais de segurança das TI a influenciar os utilizadores e a recomendar-lhes como lidar com algumas das situações cibernéticas. Para gerir algumas situações cibernéticas, é necessário adotar boas práticas que assentem em procedimentos e políticas cibernéticas, bem como em estratégias de recuperação de desastres e de continuidade das actividades. O objetivo deste trabalho é apresentar uma breve panorâmica da forma como os rastreadores da IoT, em combinação com as ferramentas dos piratas informáticos, podem ser utilizados para efetuar uma violação cibernética da sua rede IoT. Neste caso, utilizaríamos as capturas de ecrã que preparámos como ilustração deste processo.

Porque é que a pirataria da rede IoT é importante

A pirataria informática em si é um crime cibernético em muitas jurisdições a nível mundial. No caso de falarmos de hacking ético, trata-se apenas do processo de testar um sistema e obter informações úteis para investigações posteriores. Por outras palavras, se as ferramentas de hacking estiverem nas mãos de hackers éticos e de agências de aplicação da lei, podemos falar de hacking não criminoso. Em qualquer outro caso, a pirataria informática com o objetivo de obter algum tipo de vantagem ilegal constitui um crime. Através deste esforço - tentaremos passar por todo o procedimento que poderia ser utilizado por investigadores de segurança que utilizariam essa política para investigar as vulnerabilidades da rede IoT. Nesse caso, o hacking é importante como forma de obter informações tão críticas que estão disponíveis através desta investigação. Por outro lado, se alguém tentar agir como um agente malicioso, esse tipo de incidente cibernético será considerado um crime. Em muitos casos, as pessoas tomam a decisão de utilizar indevidamente a pirataria informática para obterem lucros, difundirem ideias ideológicas, religiosas e políticas ou simplesmente fazerem algum tipo de espionagem empresarial que as ajude a atingir os seus objectivos. De qualquer modo, as subsecções seguintes do capítulo deste livro ilustram como o motor de busca IoT, como o Shodan, pode ajudá-lo a obter detalhes tão críticos e como esses dados podem ser utilizados para fins de pirataria informática.

Exemplos de algumas estratégias de pirataria informática

Para descrever como é possível obter o endereço IP de alguém, utilizaríamos o Shodan, conhecido como o rastreador mais assustador da IoT. É importante mencionar que o Shodan é uma ferramenta comercial e que, se quiser utilizá-la, deve registar a sua conta e deixar alguns dos seus dados de contacto. Em caso de utilização indevida, as agências de aplicação da lei obteriam o rasto que sugere quem poderia cometer esse tipo de cibercrime. Na Figura 1, mostramos como o Shodan pode ser utilizado para obter alguns endereços IP.

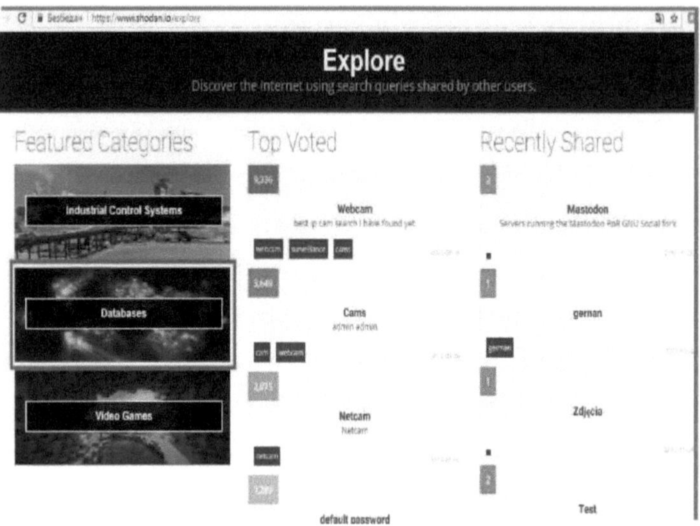

igura 1. O Shodan explora

Como ilustrado na figura acima - para utilizar todas as capacidades do rastreador Shodan - é muito importante registar-se e selecionar a opção Explorar. Essa alternativa dar-nos-á a oportunidade de escolher o que mais queremos abordar. Tentemos aceder à opção da base de dados e obteremos a lista de

bases de dados, como mostra a figura 2.

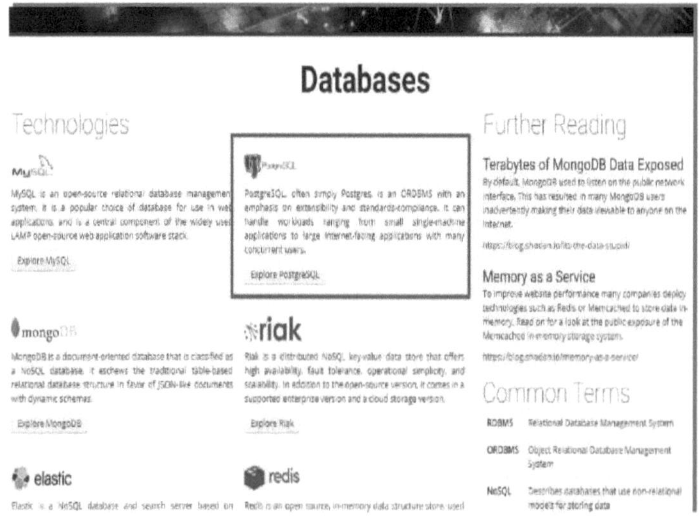

Figure 2. A lista da base de dados

A Figura 2 dá-nos a oportunidade de lidar com algumas das bases de dados mais conhecidas e, para tal, seleccionamos a opção da base de dados PostgreSQL. Não faremos mais comentários sobre esta alternativa de base de dados porque isso está para além do âmbito deste livro. Por outro lado, é sempre possível escolher quaisquer outras opções dentro do Shodan e direcionar a sua investigação para essa via. Por outras palavras, o que queremos demonstrar aqui é o que aconteceria se fizéssemos um clique nessa opção de base de dados. O passo seguinte é dado numa Figura 3, como se segue.

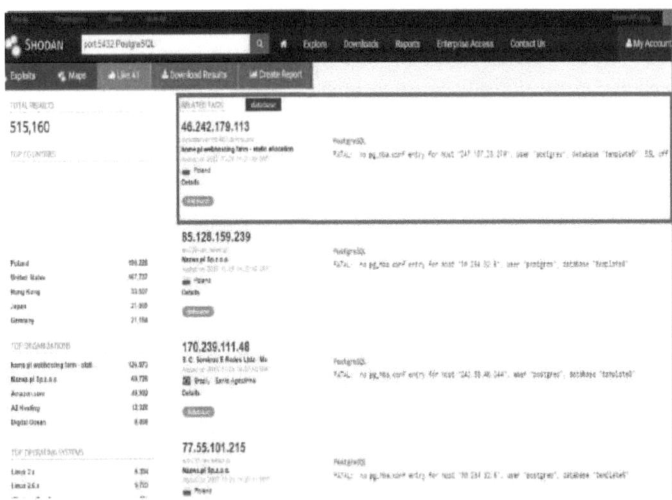

Figure 3. O resultado da pesquisa na base de dados

Como se mostra na Figura 3, faríamos uma pesquisa nas bases de dados SQL fornecidas e obteríamos resultados que sugeririam os endereços IP dos dispositivos que lidam com essas bases de dados. É bastante claro que seleccionaríamos a primeira opção, indicando que esse computador estaria localizado na Polónia e o seu endereço IP seria 46.242.179.113. É importante mencionar que o Shodan não nos pode garantir se esse dispositivo existe de facto, porque só é capaz de sugerir a possibilidade de tal resultado de pesquisa. De qualquer forma, continuaríamos com a nossa pesquisa e tentaríamos obter mais informações sobre esse possível dispositivo. O próximo passo na nossa investigação seria clicar nesse endereço IP e tentar descobrir que portas foram pesquisadas para obter essa informação. O modo como funciona é ilustrado na Figura 4, como se segue, e aqui não forneceríamos quaisquer detalhes adicionais sobre esta investigação.

Figura 4. O endereço IP da base de dados

Tal como ilustrado na Figura 4, obteríamos um endereço IP que poderia pertencer ao dispositivo no qual a base de dados está instalada. Esta captura de ecrã oferece-nos a oportunidade de saber que portas foram analisadas e como é possível obter mais detalhes através desta investigação. O passo seguinte da nossa investigação estaria relacionado com algumas ferramentas básicas de pirataria informática que poderiam ser utilizadas para obter acesso a alguma máquina. Salientamos que não faríamos qualquer pirataria informática para esta investigação, mas sim tentaríamos ilustrar como tal passo poderia ser efectuado na prática.

Como pode direcionar os dispositivos IoT

Depois de obter o endereço IP de um dispositivo, pode tentar recorrer a algumas ferramentas de pirataria informática fundamentais, como o Advanced IP Scanner e o Radmin. Estas ferramentas são bastante básicas por natureza e gostaríamos também de acrescentar que existem pacotes de pirataria informática muito mais sérios disponíveis online. Para efeitos desta investigação, limitar-nos-emos a estes conjuntos de pirataria informática tão comuns. Além disso, é importante dizer que todo o mercado negro dos piratas informáticos existe tanto na Web visível como na Darknet. Assim, vamos demonstrar como é possível confirmar se o endereço IP de alguém está presente na Internet. Isto é mostrado na Figura 5, como se segue.

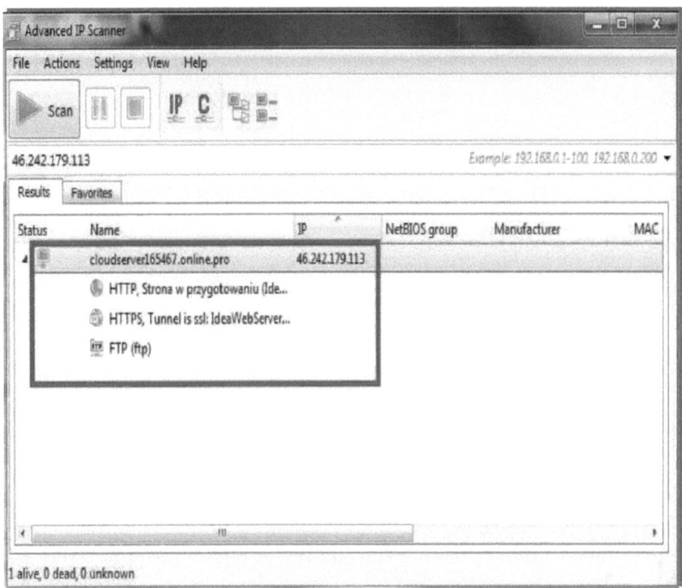

Figura 5. As opções do Advanced IP Scanner

A Figura 5 sugere-nos que, se colocarmos o endereço IP recolhido no Advanced IP Scanner, podemos obter o estado desse dispositivo na Internet. Neste caso, perceberíamos que esse dispositivo está disponível na Internet e, como selecionámos alguns dos nossos resultados, podemos ver que existem alguns dados relativos ao computador com essa base de dados. É evidente que se trata de um servidor Web que utiliza uma determinada base de dados para guardar informações valiosas e provavelmente sensíveis. No caso de acedermos a essa máquina, poderíamos realizar uma investigação sobre o grau de segurança do conteúdo desse computador. A etapa final desta investigação seria apresentada na Figura 5 da seguinte forma.

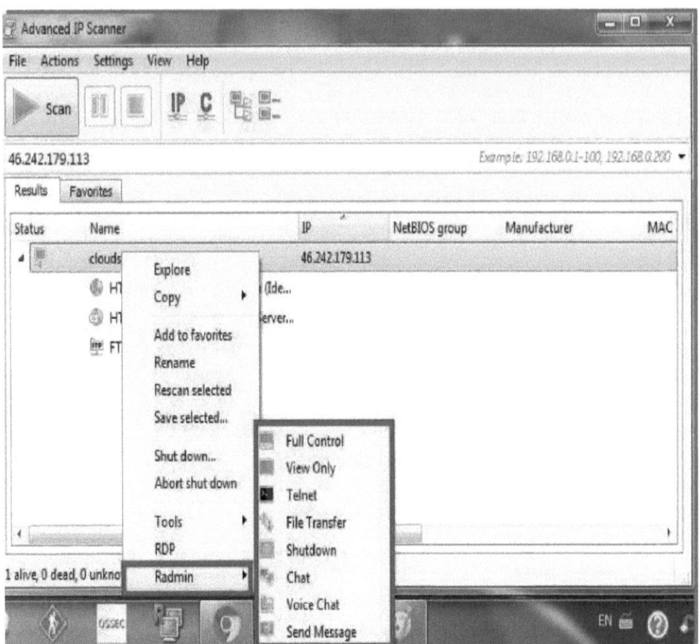

Figura 5. As capacidades de uma ferramenta Radmin

A Figura 5 mostra-nos como é fácil utilizar a ferramenta Radmin que faz parte do Advanced IP Scanner. Tudo o que precisa de saber é que deve clicar com o botão direito do rato no endereço IP selecionado, o que o levará a um menu pop-up que lhe oferece as oportunidades do Radmin. Como pode ver através desta ilustração - o Radmin pode oferecer-lhe a possibilidade de assumir o controlo total sobre esse dispositivo, fazer alguma transferência de ficheiros, desligar o dispositivo ou enviar a mensagem e assim por diante. É muito simples utilizar esta ferramenta porque, em muitos casos, assim que estabelecer uma ligação a esse dispositivo utilizando as vantagens do Radmin, estará em posição de ver o ambiente de trabalho desse computador na sua janela do Radmin. Por outras palavras, isto pareceria fácil e, de facto, é. Concordará que até um miúdo de 12 anos pode seguir estas instruções e conduzir algumas das estratégias de hacking.

As conclusões

Por fim, é bastante óbvio, através deste esforço, que as redes IoT têm muitas vulnerabilidades e que, se não mantivermos o risco a um nível aceitável diariamente, podemos facilmente ser vítimas de um cibercrime. Por outro lado, não é difícil perceber que algumas vantagens dos rastreadores IoT, bem como das ferramentas de hacking, poderiam ser aplicadas na investigação de segurança, o que nos daria a oportunidade de compreender melhor todas as fraquezas que estas novas tecnologias nos estão a trazer. Assim que garantirmos a nossa segurança e proteção em linha, estaremos em posição de utilizar os nossos recursos de uma forma muito mais descontraída.

Capítulo 6: Os impactos sociais da Internet das Coisas

6.1. Como a IoT pode definir a paisagem de um novo mundo

A IoT é definitivamente uma tecnologia que transformará as nossas vidas, negócios e sociedade. Estima-se que a tendência deste avanço aumentará nos próximos anos. De facto, esta solução tornaria as nossas vidas e negócios mais convenientes, mas também abriria muitas novas questões. A principal questão aqui estaria relacionada com a sua segurança e, nesta perspetiva, podemos dizer que seria bastante desafiante lidar com essa preocupação. Por outras palavras, é o verdadeiro desafio garantir a segurança da rede IoT. O desafio não é algo inatingível - mas sim algo que requer algum tempo e esforço para ser resolvido. Por outro lado, esta melhoria oferecer-nos-ia muitas sofisticações e, como sabemos, isso estaria de alguma forma associado à simplicidade. Sem dúvida que ouvirá dizer que a simplicidade é a sofisticação suprema, pelo que - nesse caso - deve ter em mente que as nossas soluções IoT estão a tornar-se cada vez mais simples. O facto é que alguns dos imperativos futuros em relação à tecnologia

IoT seriam a simplicidade suprema. Além disso, mesmo hoje - esta nova onda tecnológica teria impacto nas nossas sociedades para lidar com a forma bastante simples e muitas questões complexas seriam simplificadas, pelo que teríamos mais tempo para desfrutar. Além disso, isto significaria uma melhor produtividade e eficácia no ambiente empresarial, o que proporcionaria maiores rendimentos e, possivelmente, lucros às empresas que dependem desta nova tecnologia. Através desta visão, tentaríamos analisar a forma como esta nova paisagem mudou o nosso mundo, bem como discutir como poderíamos melhorar a nossa segurança e proteção ao lidar com estas tecnologias. Por último, esta análise analisa de perto a aplicação atual da tecnologia IoT e tenta desmistificar os prós e os contras destas soluções. No final, referimos como o mundo moderno adquiriu uma paisagem completamente nova e porque é importante seguir essa tendência e aprender com a experiência criando boas práticas.

A tecnologia simples, os consumidores competentes

O ponto principal das tecnologias IoT é o facto de oferecerem um ambiente bastante intuitivo aos seus utilizadores e, desse ponto de vista, não seria assim tão difícil dominar a aplicação deste avanço tecnológico. Isso significaria que os seus consumidores adquiririam facilmente as competências necessárias para a utilização das soluções IoT? Isto pode ser verdade na perspetiva das novas gerações que nasceram há até 3 décadas, porque sentiriam a transformação digital desde os seus primeiros dias. Por outras palavras, essas pessoas sentir-se-iam bastante confiantes no ambiente digital e seguiriam sem problemas as novas tendências e tendências. O facto é que teríamos consumidores altamente competentes que compreenderiam intuitivamente a tecnologia e muitas pessoas dessa nova geração - mesmo que não tivessem formação científica e tecnológica - saberiam como tirar o máximo partido dela. Por outras palavras, obteríamos utilizadores finais tão competentes, mas continuaríamos a ter de lidar com a lacuna relativa aos profissionais de TI que saberiam como configurar, manter e proteger estas soluções. Para produzir mais especialistas, teríamos de criar uma sessão de educação e formação útil, bem como fornecer alguns materiais de aprendizagem adicionais, manuais de utilizador e guias. Não é nada fácil produzir um exército de novos ciberprofissionais - especialmente se tivermos em conta que a atual sociedade humana sofreria uma grande escassez de peritos em TI. Alguns investigadores sugerem que precisaríamos de mais de 20 anos para colmatar essa lacuna. Este facto é bastante preocupante, se tivermos em conta a sensibilidade do ciberespaço e a dimensão da fonte de problemas e dores de cabeça que este representa. Do ponto de vista atual, podemos constatar que a nossa tecnologia está a progredir, mas, por outro lado, ainda existem muitos riscos, ameaças e desafios que devem ser tratados com habilidade e cuidado.

Quão seguros estamos a utilizar as soluções IoT

Neste caso, temos de admitir que a segurança continua a ser o grande desafio para as tecnologias IoT. Existem algumas recomendações que se enquadram nas melhores práticas e, na verdade, ainda temos de aprender muito com a experiência se quisermos atualizar a nossa prática atual. Muitas fontes utilizariam o termo "melhores práticas", mas aqui - nós utilizaríamos a palavra "boas práticas", porque a nossa prática atual é bastante conveniente para os dias de hoje - mas também os novos dias nos trariam as melhores práticas que se tornariam boas para o período de tempo futuro. Esta é apenas uma pequena digressão e uma tentativa de fornecer informações úteis sobre a razão pela qual lidamos com esta terminologia. Assim, a questão que se coloca aqui é se estamos seguros com as soluções IoT actuais e a resposta a essa pergunta é que ainda temos de trabalhar bastante se quisermos assegurar os nossos activos críticos. Muitos especialistas concordam que a segurança é o maior desafio da atualidade. Não é apenas o caso em termos de tecnologias cibernéticas, mas sim de uma forma mais alargada. Por outro lado, como sugerimos ao longo deste trabalho, a segurança é um processo de manutenção do risco num nível aceitável. Alguns investigadores indicariam que a segurança tem a ver com a gestão do risco e nós diríamos com toda a confiança que esse é realmente o caso. Além disso, há alguns estudos que sugerem que a segurança tem a ver com o equilíbrio entre prevenção, monitorização e resposta a incidentes. Qualquer que seja a sua definição favorita, aperceber-se-á de que todas elas o conduzirão ao mesmo caminho. Nesse caso, gostaríamos de dizer que apreciamos muito os esforços da comunidade de especialistas que nos ajudariam a lidar com estas preocupações, bem como a fornecer alguns contributos úteis para o futuro desenvolvimento e progresso tecnológicos.

Conveniência VS Segurança - O que é mais importante?

A tecnologia IoT é um cenário bastante recente, como já sugerimos anteriormente, e por essa razão pode ser muito importante discutir até que ponto essa melhoria pode ser conveniente e segura. Na secção deste livro, perguntamo-nos o que é mais importante - conveniência ou segurança. A resposta a esta pergunta é bastante simples - devemos encontrar o equilíbrio entre estes dois requisitos. Como é sabido, a segurança continua a ser o grande desafio da atualidade, embora muitas soluções IoT nos ofereçam um certo grau de adequação. Por outro lado, não seria suficiente tentar desenvolver e implementar as nossas soluções seguindo apenas uma destas duas direcções. Devemos tentar encontrar algo a que as pessoas com formação em engenharia chamam a solução óptima. Essa solução oferecer-nos-ia um nível equilibrado de ambos. Por outras palavras, a comodidade não pode passar sem segurança e a segurança não pode funcionar sem comodidade. É importante que ambos tenham o mesmo peso na balança!

A conversa de finalização

Em conclusão, a IoT mudaria profundamente a nossa paisagem social e oferecer-nos-ia um progresso tecnológico que nunca existiu antes. Os tempos modernos oferecer-nos-iam a oportunidade de nos tornarmos mais sofisticados e de desfrutarmos da simplicidade e da comodidade das mais recentes soluções tecnológicas. Mais cedo ou mais tarde, aperceber-nos-emos de que este tempo não é igual a nenhum outro e que é muito emocionante lidar com aspectos como o desenvolvimento social e económico, a mudança e o progresso. O panorama da IoT é uma área bastante promissora que seria muito adequada para os investimentos futuros, porque poderia trazer bons retornos a qualquer pessoa que tentasse basear o seu negócio nisso. Por último, é muito importante referir que a única coisa certa no futuro é a mudança e, por essa razão, devemos tentar lidar com as nossas preocupações actuais para prever e compreender algumas tendências e tendências futuras.

6.2. Algumas perspectivas futuras da IoT

A tecnologia IoT está presente no mercado há pelo menos uma década. Não podemos dizer que se trata de uma nova solução, mas sim da transformação digital do panorama tecnológico existente. Os sistemas digitais passariam por suas expansões após a Segunda Guerra Mundial, quando muitas forças militares tentariam intensamente desenvolver algumas máquinas criptográficas. A origem da criptografia começaria na antiguidade com a ferramenta conhecida como Scytale. Mais tarde, muitos cientistas e matemáticos esforçaram-se por inventar algumas soluções de encriptação úteis. A encriptação em si é o futuro das tecnologias digitais, incluindo os avanços da IoT, pelo que pode sempre ser melhorada e desenvolvida para fins de segurança. Muitos investigadores concordariam que a criptografia é uma área muito difícil e que os poucos especialistas do mundo estariam totalmente familiarizados com ela. As forças de defesa procurariam que os seus funcionários demonstrassem alguma familiaridade com a criptografia - principalmente para efeitos das suas aplicações, mas estas pessoas não compreenderiam totalmente como funcionam as coisas na ciência da criptografia. Por outras palavras, um número muito reduzido de pessoas em todo o mundo saberia como criar o novo modelo de encriptação e provar a sua eficiência. Por outras palavras, a criptologia que abrange a criptografia e a criptanálise é o desafio por si só. Neste caso, referimos a criptanálise como a prática de interpretar as mensagens cifradas. Esta prática também é bem conhecida no sector da defesa e existe uma grande lacuna no que diz respeito às pessoas que lidam com esta competência. Além disso, alguns peritos sugerem que o futuro das tecnologias IoT pode levar-nos a uma maior segurança, o que incluiria, sem dúvida, uma encriptação mais forte. Os actuais sistemas de criptografia revelariam alguns pontos fortes e também alguns pontos fracos. Nesta secção final do livro, falaremos um pouco sobre algumas aplicações da encriptação no campo da IoT, bem como sobre a forma como essa área pode tornar-se mais segura.

A visão geral rápida

A IoT é uma tecnologia bastante útil que aplica o sinal de Internet para fazer com que os dispositivos falem uns com os outros. Como é óbvio na frase anterior, trata-se de um hardware que utiliza impulsos eléctricos ou ondas electromagnéticas, no caso da rede sem fios, para transferir as mensagens. É igualmente importante mencionar que seria utilizado algum software para tornar essa troca de informações compreensível para o utilizador final. Além disso, muitos utilizadores finais lidam com o software habilmente desenvolvido para enviar o sinal de comando de uma unidade de transmissão para outra unidade de receção. Não é de todo difícil tentar imaginar as aplicações ilimitadas de uma tecnologia deste tipo e também perceber como pode ser difícil garantir a segurança de todos esses dispositivos, bem como dos utilizadores finais. Em muitos casos - como ilustrámos através dos rastreadores IoT Shodan e Censys - a sua segurança enquanto está em linha pode ser ameaçada. Também demonstrámos que até um miúdo de 10 anos pode conduzir um ataque de hackers a, digamos, uma infraestrutura crítica e causar graves consequências. Por outras palavras, a pirataria informática da IdC é muito fácil para qualquer pessoa que aprenda com os recursos da Web e da Darknet. Na verdade, esses pontos da Internet são o verdadeiro oásis para os hackers, os cibercriminosos e os ciberactivistas. Por último, é importante referir que as ameaças actuais se tornaram mais perigosas do que nunca e que devemos tentar tomar algumas medidas para oferecer uma segurança mais forte a todos.

Como é que a sua IoT pode ficar mais segura

Como sugerimos através deste esforço - as tecnologias IoT podem oferecer muitas vantagens e, de facto, é tão excitante descobrir as suas capacidades - mas também são ainda bastante vulneráveis aos ataques dos hackers. O sistema IoT é apenas o hardware - mecatrónico ou incorporado pela sua natureza - com algum software e um sinal de comunicação cuidadosamente ajustado. Uma das maiores preocupações é que alguém possa invadir esse canal de comunicação e assumir o controlo do seu ativo IoT. Além disso, é sabido que, se um hacker obtiver o seu endereço IP, pode tentar efetuar algum tipo de ataque ao seu dispositivo. Para evitar esse cenário, deve seguir as boas práticas que mencionámos ao longo deste livro. As formas típicas de encriptação podem ser a criptografia de ligação e a encriptação de ponta a ponta. Ambas as formas de proteção têm os seus prós e contras e, em qualquer caso, se forem utilizadas, podem mostrar muitos resultados positivos.

Alguns conselhos práticos sobre a encriptação

Qualquer que seja o tipo de encriptação que aplique no seu sistema IoT, reduzirá definitivamente o nível de risco para essa infraestrutura. A melhor maneira é combinar a encriptação da ligação com a criptografia de ponta a ponta, porque essa combinação pode oferecer-lhe a melhor proteção possível. Neste ponto, devemos mencionar as soluções de anonimato que lidam com as várias camadas de criptografia e oferecem uma rastreabilidade da Web bastante segura. Por outras palavras, gostaríamos de olhar mais de perto para o navegador Tor que começou a ser desenvolvido há 4 décadas e que combinaria tão habilmente estes dois tipos de encriptação. Acreditamos que a aplicação desta ideia às soluções IoT poderia oferecer-nos um ambiente IoT mais seguro.

As conclusões

Com esta secção do livro, gostaríamos de concluir todo o nosso esforço. O objetivo desta contribuição seria fornecer aos leitores uma visão mais próxima do conceito, das aplicações e da segurança das tecnologias IoT. As redes IoT são o grande exemplo da transformação da paisagem digital e, neste ponto, gostaríamos de sugerir que este mercado cresceria tão rapidamente - mas que deveríamos prestar muita atenção à sua segurança, que é o maior desafio para o futuro. O objetivo deste livro é discutir alguns dos principais tópicos desta área. Não se trata de um esforço abrangente que cubra todas as questões relacionadas com a IoT, mas sim de tentar ilustrar a forma como este domínio pode ser abordado de uma perspetiva mais estratégica.

As principais referências:

[1] CSA, *Security Guidancefor EarlyAdopters of the Internet of Things (IoT),* 2015 - disponível em https://downloads.cloudsecurityalliance.org/whitepapers/Security Guidance for Early Adopters of the Intemet of Things.pdf

[2] PubNub, *A New Approach to IoT Security*, 2015 - disponível em

https://www.pubnub.com/static/papers/IoT Security Whitepaper Final.pdf

[3] Symantec, *An Internet ofThings ReferenceArchitecture*, 2016 - disponível em

https://www.symantec.com/content/dam/symantec/docs/white-   papers/iot-security-reference-architecture-en.pdf

[4] O sítio Web do Censys está disponível em www.censys.io

[5] O sítio Web do Shodan está disponível em www.shodan.io

[6] Departamento de Segurança Interna dos EUA, *Strategic Principlesfor Securing the Internet ofThings (IoT)*, 2016 - disponível em

https://www.dhs.gov/sites/default/files/publications/Strategic Princípios para proteger a Internet das Coisas-2016-1115- FINAL....pdf

[7] Maede Zolanvari, *IoT Security: A Survey*, 2015 - disponível   em http://www.cse.wustl.edu/~jain/cse570-

15/ftp/iot sec.pdf

Os agradecimentos

A autora está muito grata à sua família por todo o amor, carinho e apoio ao longo da sua vida, educação e carreira.

Sobre o autor

Milica D. Djekic é uma investigadora independente de Subotica, República da Sérvia. A sua formação em engenharia é obtida na Faculdade de Engenharia Mecânica da Universidade de Belgrado. As suas áreas de interesse são a ciberdefesa, a tecnologia e os negócios.

yes **I want** morebooks!

Buy your books fast and straightforward online - at one of world's fastest growing online book stores! Environmentally sound due to Print-on-Demand technologies.

Buy your books online at
www.morebooks.shop

Compre os seus livros mais rápido e diretamente na internet, em uma das livrarias on-line com o maior crescimento no mundo! Produção que protege o meio ambiente através das tecnologias de impressão sob demanda.

Compre os seus livros on-line em
www.morebooks.shop

Printed by Books on Demand GmbH, Norderstedt / Germany